初轉之法

靈鷲山四期教育
【阿含期】初階課程

靈鷲山四期教育教材編審會 監製

上 師 的 教 言

————————— ◆ —————————

　　我把成佛之道，根據佛陀一生歷程，分爲四個階段教程——阿含期、般若期、法華期、華嚴期。我以這四期教育來培養人才，從在家居士到出家人都是一個主軸來貫穿，就很圓滿。可以攝宗歸教、三乘合一，不只是一宗一派，是整體佛陀的教育，這是我最重要的願力。這個教育願力的最大特色，是走實修路線，也要入世，基本上就是修行弘法的不二路線。

靈鷲山佛教教團　開山和尚

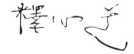

四期教育修學內涵與實踐藍圖

　　四期教育就是禪的四期教育，分成阿含、般若、法華、華嚴四期。禪的根本在心，四期教育的修持是以四無量心作為修學實踐的前行發心，從阿含期的出離心開始，到般若期的空觀心、法華期的菩提心，最後會歸到華嚴期的法界心，通過上師的教導而和上師、佛、眾生乃至法界一切的心相應，以心印心、緣起無盡，最終達至心、佛、眾生三無差別的法界實相。

一、阿含期──奠立學佛的良好根基

　　阿含期教育，以建立修學佛法的「解」、「行」基礎為主要目的。課程安排扣緊實修脈絡，培養穩固正見，令學員在生活中建立良善的行為軌則與生命方向，了解「工作即修行，生活即福田」，累積成佛資糧，修習禪修，安定身心，去除煩惱，增長智慧。

　　學習內容上，以佛陀對生命的探究與教導為依止，深入了解以「四聖諦」、「緣起法」、「五蘊無我」為核

心開展的生命教育，並以整套「三十七道品」來修持導
向解脫的止、觀之學，在生活中實踐、體悟佛法，親自
證知解脫清涼的生命。

二、般若期——空性智慧的培養

　　阿含期的教導幫助我們過著符合佛法的生活來建立完
整的人格、僧格，並且以止觀修行來收攝心念，了悟苦、
無常、無我的基本佛法洞見。而般若期則是在阿含期的
基礎上，引導大眾進入佛法的核心部分，這是真正佛法
智慧的開顯。

　　般若穿透一切、超越一切，不會只停留在自利部分，
般若是自利利他，「人我」是空，「法我」也空，因為
真正般若空性透徹一切法而無任何障礙，這是佛法的核
心關鍵。

　　因此，般若期的重點是以空性為主，以體悟般若的緣
起性空、空亦復空、無所有、不可得等為根本，而真正

的「空」必須透過「禪」才能夠達到，即是通過禪修實踐讓空性智慧能夠開顯並獲得自在。心道法師推行平安禪法的用意即在透過禪的實踐，回到心的原點，來開顯、引發般若智慧，由禪發慧、由慧顯禪，以般若穿透生命中的一切人、事、物，讓生命自在無礙，以成就智慧人生，並由此貫通一切佛法，連接到法華的菩提心願力。

三、法華期──菩提心願力的遍滿實踐

經過阿含期的人格養成以及般若期的智慧洗滌，把我們的心性工作弄好，法華期便有充足的資糧發起菩提心大願。成佛真正的原因，在於菩提心的生起與實踐，發起「上求佛道、下化眾生」的成佛種子，會三乘法歸於一佛乘。在《法華經》中，凡是能發心者，佛陀即給予「受未來能成佛的記莂」。這即是以般若波羅蜜為眼，前五度波羅蜜為足，從「性空緣起」出發，發起大菩提心來廣度一切有情眾生。因此，法華期的實踐重點，即是以堅固不退、遍滿無礙的菩提心願力，運用一切善巧方便、廣結善緣，持續不斷地行菩薩道來廣度眾生。

願力奉獻是成就福氣人生的關鍵，發起菩提心大願能夠感通廣大無盡的善願能量，形成「生命服務生命，生命奉獻生命」的善緣連結。配以禪修的修持，來鞏固菩提心，不讓它退失。亦即以空性智慧為基礎，悲智雙運，以四無量心的實踐來落實無盡利他的菩薩事業，幫助每一個需要幫助的眾生，連結生生世世的福德善緣，則能生生世世享有福氣人生，並且最終達致圓滿成佛。

四、華嚴期——圓滿成就、多元共生的生命共同體

　　華嚴是圓滿佛果的呈現，佛陀圓滿證果成道後，於《華嚴經》展現的教法，讓在場菩薩眾都了悟「信解行證」的修學次第，並經由「普賢十大願」入於究竟之一真法界的佛國境地。因此，華嚴期是從心出發，透過多元和諧精神的領會，在自身生命內圓融阿含、般若、法華的踐履，轉凡成聖，開顯一即一切、一切即一的生命共同體精神，落實「尊重每一個信仰，包容每一個族群，博愛每一個生命」的理念，進行跨領域、跨宗教、跨文化的遍滿實踐，向佛國境界的理想邁進，以達成和諧人生、圓融無礙、圓滿無盡的華嚴生命理境。

所以，在華嚴期的教導上，心道法師引領大眾弟子發普賢願心，行普賢願行，並效法善財童子遍滿參學的精神，拉開視野，多元學習，一同進入華嚴多元和諧、相依共存、和平共融的佛國淨土。

結語──實踐四期教育走在成佛的大道上

四期教育的修學，就是佛陀法教的內涵，是生命教育實踐的方法，也是我們證悟生命實相的成佛教育。

──心道法師

四期教育不僅是個人修持的實踐，也是菩提心善緣的連結，並由此串起教育、組織、弘法的關係，除了構成靈鷲山總本山的全部內涵，也是籌建生命和平大學、圓滿生命和平大學習的核心關鍵。

從人的具體生命、生活出發，由內到外、從迷轉悟，由個人而群體，關懷一切有情生命，呼應全球化時代的多元共生、和諧共存，並延伸成多元和諧、相互依存的大圓滿整全生命的實踐，不但體現完整的佛法教育，更

是圓滿究竟的成佛之道。而這些，都是為了圓滿「傳承諸佛法，利益一切眾」、實踐「愛與和平地球家」這一使命願景的具體實踐。

　　所以，我們要努力實踐、傳承和推廣四期教育，從自己出發並推及到身邊的人，讓人人都能通過四期教育的引導而走在成佛大道上。

　　　　　　　　　　　——靈鷲山四期教育教材編審會

目錄

第一章　阿含期總論

學習目標

·練習對生命反思與提問，明白為什麼要學佛。

·認識阿含期的學習目標與內容。

一、佛陀的生命教育

迄今的人生歷程中，我們是否曾對生命感到好奇或困惑？是什麼樣的契機，使我們開始思考這些提問？

或許是因為至親的驟然逝世，令我們感嘆生命的短促；或許是忙碌、一成不變的生活，令人感到深層的不滿足與缺乏生命方向；可能是紛雜的家庭、感情等人際關係，帶來了許多困頓與傷害；而當前資訊爆炸的時代，各式各樣對幸福的見解莫衷一是，更使我們眼花撩亂，不知如何抉擇。

在這些處境中，我們可能不禁對生命有了種種疑問，像是：

◆ 我對生命認識多少？

◆ 人究竟生從何來，死往何去？生命中的種種煩苦又從何而來？

◆ 應如何看待與度過生命的逆境？如何才能獲得幸福？各式各樣關於生命、幸福的理論，應如何揀擇？

◆ 生死匆匆，短暫的生命中我應如何生活？應如何對待他人？

想一想

我們通常會到哪裡找這些問題的答案？

對於這些問題的所思所得，都將逐漸內化成為我們的價值觀，深深地影響著生活的方式。舉例來說，也許有些人認定了生命就只有這一輩子，死了之後就什麼都不剩了。因此，幸福快樂的人生，就是要趁這輩子身體健康的時候，盡可能地追求與享用欲樂。

出身皇宮世家的佛陀，出家修道前是一名為父王呵護備至的太子，享用著一切奢華的欲樂。但在見聞世間的衰老、疾病、死亡之苦後，不禁深刻地了解自己對生命所知實在太少。為了弄清生命的真相，尋求苦痛的超

越，太子拋下了在家生活的一切，展開了漫長的修行之旅，直到突破種種障礙，通透地明白了生命的來龍去脈，並且為眾生找到了脫離痛苦，邁向覺悟的解脫之道。

依著這樣的證悟，佛陀配合不同眾生的根器，因材施教地以不同的方式來教導眾生。這眾多教法，並未隨著歷史上的釋迦摩尼佛入滅而消失，而是藉著祖師與佛弟子們的傳承與教導，得以代代地保存下來，使我們也能繼續地學習這份教法。

因此，學習佛法並不只是學習種種軌則、儀式，而是在面對生命的各種問題時，以佛陀、覺悟者的智慧為師，透過傳承的教法，深刻反省所處的生命境況、探求造就生命困頓的來龍去脈，進而朝著清淨無苦的境界，開展超越的生命實踐。

心┃道┃法┃師┃語┃錄

佛陀的教法就是生命教育。教導我們如何透視生命，了解生命的實際狀況、宇宙的真理與形成、了解生命的起源，讓我們能夠看到生命的實相而得到解脫，並且由此上求佛道、下化眾生，幫助眾生離苦得樂，獲得不生不滅的真實生命。

二、阿含期的學習

阿含期的學習，作為四期教育之首，旨在為修學佛智慧打下穩固、良好的基礎，並以發起出離心，朝向解脫煩惱的目標前行。

（一）阿含期課程規劃

為使初學者容易親近佛法，阿含期主題課程的學習，以四部《阿含經》及五部《尼柯耶》等經典為主要依據，從中選取核心主題，盡可能地以淺易、貼合日常語言的方式，總要介紹佛陀的教導，並介紹如何在生活中從事相關的練習與實踐。

上承皈依三寶、做好業果等調淨身心的基礎，初階課程以「四聖諦」的學習，總攝佛陀的法教：學習生命如何因為世間的變動不安、無可滿足而稱為苦，進而探究苦集起的因、苦徹底息滅的狀態，以及息滅苦之道路。在此教法中，練習增進對生命境況的覺照，了解苦因的作用與面貌，切實地以「八正道」作為生活的行為準則，體驗離於煩惱的清涼。

進階課程，則學習佛陀對生命最核心的教導：無我。藉著學習佛陀以五取蘊、十二因緣等法目教導的無我實相，更深入地認識眾生的身心運作與認知流程。從中明白，眾生是如何因為抱持著錯誤、顛倒的見解，而一世又一世地進入輪迴投生。同時，也介紹佛陀教導的四無量心、四念住，作為實修引導，得以朝著如實知見生命實相來努力。

　　高階課程中，承接四念住的教導，要來開展整套解脫修學的三十七道品，完整地學習如何修行止觀，如何具足解脫、覺悟的種種要素，來開發專注力、觀照力，開展更敏銳、透徹、全面的智慧。

阿含期主題課程		課程內容
初階	初轉之法	·反思生命處境，學習超越的可能。 ·以佛陀人間初轉法輪要點：離兩端、行中道、四聖諦、八正道，掌握教理與實踐的基礎。
進階	無我之道	·眾生執取五蘊為我，如負重擔。 ·認識五蘊與無我的教理；學習緣起法、十二因緣，培養正確的生命觀。 ·學習四念住、四無量心等禪法，捨離重擔。
高階	解脫之門	·接續四念住的修學，進一步以三十七道品的學習，完整開展解脫道的止觀修學。 ·圓滿阿含期，銜接、導向後續各期的學習。

（二）修學的進展

1. 勤聞思修，解行並重

學習佛法的道路上，透過如理地聽聞、思惟，建立正確、全面的理解，是實踐不可或缺的基礎。依著穩固的學習，次第實踐所學，又能夠反過來增強對道理的理解，與堅固對佛法的信心。

若要培養堅固的道心及出離心，便不能忽視這個面向。缺乏對道理基本的理解，便難以明白佛陀教法的內涵與功德，進而容易依著一己之見理解佛法，甚至是走上錯誤的修行方向而不自知。

反之，只偏重理論的理解，也無法真正得到利益，甚至可能陷入文字、名相的爭辯，徒然消耗光陰。這種情形，就像是病者看了醫生，拿了藥方，卻遲不服藥。也如《華嚴經》中的譬喻：若對佛法只是聽聞，無有實踐，就如一名施食四方的人，只顧餵飽其他飢餓的人，自己卻從不食用這些食物，反而把自己給餓死了。[1]

佛陀也以乘坐木筏渡河為譬喻，告訴我們教法如同渡河用的筏，是用以實踐、修行、提升生命、朝向解脫的。[2]

1　佛馱跋陀羅譯，《大方廣佛華嚴經》(CBETA, T09, no. 278, p. 428, c28-29)

2　《中阿含經・第 200 經》(CBETA, T01, no. 26, p. 764, b18-c14)

並不是讓我們成為「兩腳書櫥」，只將語詞的語源、定義、出處背得滾瓜爛熟，或用來與人爭論。這樣，就如在渡河之後仍舊背著木筏不放一樣，徒增疲勞。

心｜道｜法｜師｜語｜錄

　　我們學佛，第一個理念先搞通，理念搞通了，見地才會正確；如果理念都不通，當然是無明煩惱一堆了。以理導行，以行導見，行就是我們要去實踐。所以我們為什麼要看經？就是為了讓理無障礙，理在哪裡？一個在想法，一個在生活，道理如果是只在想法，那就是行不通了，所以正確的想法與做法兩個都很重要。

　　初學佛法者，可能會覺得佛法的理論十分艱深，最令人卻步的，當屬經典中眾多的專有名詞，如：止觀、三摩地、五蘊、涅槃、菩提等等。但是，佛陀之所以使用這些詞語講述教法，正反映了日常語言中，往往缺乏能直接與禪修、出世間的智慧對應的詞彙。

所以，面對著這些理論或語詞時，仍舊要回到解行並重的脈絡。明白佛陀是為了精準地指引修行，才會施設這種種教學，不必一心躁進，或因一時無法理解而感到挫折。只要持續地學習，解、行這二門便會互相增長，推進道業。

古德也以「見」這個字的組成，說明解、行兩者的關係。「見」由象徵知見、解門的「目」，及底下象徵實踐、行門的「足」組成。當意欲往目標前行時，必先以眼目清楚地觀察目標、揀擇道路的方向，及辨認路上出現的障礙，才能以足穩健地朝著目光所至，步步前行，安全且迅速地到達目的地。是以「**目足備故入清涼池。**」[3] 此處的清涼池，即是修學的目標：清淨透澈、無有雜質、無有煩惱、安頓且和諧的生命。善巧地藉由聽聞、思惟，並且實際應用所學，在生活中不斷地觀察、反省與實踐，才能真正鍛鍊出滅除煩惱的堅固智慧。

2. 善信為本，修戒定慧

學習佛法的次第進展，固然隨著眾生的根器、因緣、習性不同而有不同的面貌，難以一概而論，但是仍可大致描繪出一個次第輪廓：由皈依三寶入門，並依著教法

3　智顗禪師，《四教義》(CBETA, T46, no. 1929, p. 721, b21-24)

培養良善的知見、德行而調伏身心、增長信心；配合持戒來律己、攝心，使身心柔順，得以修持出離世間的定學與慧學，也就是止與觀。從中，生起深刻、通達的智慧，進而脫離一切世間苦痛。

簡而言之，即是以善、信為根基，透過持戒守護身心，推進定、慧的增長。當中的每門學問，都得在理解以及實踐上下功夫。

善的內涵，主要是「明因果，勤行善」：透過對業果的學習，在生活中持守身好、口好、意好，使身心的行為不踰越十善業道的範圍。用力日久，便能夠調整雜染、粗重的行為與心態，來清淨、安定身心。經過如此調柔的生命，正如植物扎下深根，能使修行快速進展。

信，強調如理揀擇、跟隨善知識學習正法的重要。其中首重培養對於「三寶」之恭敬及信心：由於明白生命種種問題的迫切，進而投入佛、法、僧三寶的庇護，學習如何脫離於苦。

信的培養，可配合如理地理解禮佛、皈依之意義，以及付諸實踐，揀擇善法來增進。時常如此培養信，便可以確保自己行走、修持的方向不會偏差。

心｜道｜法｜師｜語｜錄

學佛就是要爲生命確立方向，第一步要做的是三皈依，皈依佛、法、僧三寶，找到生命的方向、目標，以及依止的對象。依止佛的根本目標是成佛，僧代表找到真正的老師、善知識，由此而學習佛陀的法教來成就佛道。所以，三皈依就是我們選擇到了生命正確的願景、目標，定位我們這一生所走的方向與成就，並且確認生生世世都能夠走上學佛的軌道、成佛的軌道，阿含教育的第一步即在確立生命的方向。

發起淨信，能夠堅定生命的導向，也能起到減消煩惱的作用。但是佛法中的信，並非盲目地接受。對所學習的內容，佛陀提醒不應僅由口耳相傳、訴諸權威、或是思辨等方式就通盤地接受。最重要的，是透過親自觀察內心的狀態，深刻了解諸多煩惱帶來的過患，以及檢視所修學的內容，帶來的是煩惱的增長或減消，來抉擇善法與不善法。

佛陀教導的法，正具備如此可親自證知的特質。也惟有透過這般的觀察、揀別與實踐，才能盡除疑惑，發起不壞、不退轉的淨信，令人自發地安住於法。

　　立願持戒，則可以更穩固地使身心不會偏離善的方向。戒，音譯「尸羅」，原本有行為、習慣、道德等義。從這個角度來看，持戒並不是無謂地持守規範，而是以求取解脫為目標，培養正確、良善的行為習慣，使思想與行為都不會朝著惡的方向前進，也就能免於招致苦果，遠離各種煩惱的影響，導向清淨的人生。

心｜道｜法｜師｜語｜錄

有了戒律的生活，就是讓我們充滿快樂的生活。

　　持戒清淨，能大力地推進修行。對一般的在家居士而言，可由了解五戒的意義、內容，以及實際參與受戒儀式，立願持戒入手。五戒，即：不殺生、不偷盜、不邪淫、不妄語、不飲酒。雖然持戒意味著必須對行為做

出限制，但這些限制，能使我們遠離無限制地隨心所欲，反而使我們能夠活得更加自在。

可以任意地做喜歡的事情，往往被視為自由的表現，但在缺乏智慧的狀況下，如果放任行為隨著欲望、習性牽引，反而將使我們成為欲望的奴隸，造作不善的行為。結果，雖然一心求樂，卻只使生命在苦痛中越陷越深。

舉例來說，不蓄意使用麻醉劑與各類毒品這樣的原則，涵攝在不飲酒戒中。如果能夠持守不飲酒戒，就是遠離了這些易使人上癮的藥物，進而不容易被這些藥物影響，喪失心智的清明，做出後悔的事。如此，持戒雖然看似帶來一時的不自在，卻能夠守護心思，遠離不善因與不善果，帶來一個更為自由與開闊的生命。

戒，因此有如一條導航的道路，也如保護網，使我們掌握遠惡近善、遠苦近樂的大方向，來守護身心。祖師也曾形容戒是：「**一切善法之所住處。譬如百穀藥木，依地而生，持戒清淨，能生長諸深禪定、實相智慧。**」[4] 可以明白，持戒清淨時，粗魯、粗惡的心將得到調柔，進而適宜從事禪修，成就善法，獲得智慧。

4　《大智度論》(CBETA, T25, no. 1509, p. 225, c24-26)

心|道|法|師|語|錄

戒，就是在生活裡把心調好，在生活裡制止許多的粗魯與不善行，戒的生活如果沒有做好，心不但妄念多，也是粗魯的；戒如果守好，當我們禪修時，心就會柔軟與調和，也就容易得到定與慧。所以戒就是過濾我們生活中粗魯的思惟，在禪修時才會有細膩的思惟，才會產生覺照的智慧。

戒的基礎，能利於進一步修學止與觀，也就是定學和慧學。止的修習，能夠調伏雜亂、粗重的身心，使心平靜，並且開發微細的觀照力。一般人在生活中，往往心不在焉、心思散亂、攀緣外境，並且橫生喜怒。如果能時常練習攝心、關注心念，如專注於身體的行、住、坐、臥，或是學習平安禪法等禪修法門，都能引領我們過一個有覺有知的生活，逐漸打造良好的心態品質。

我們的一生就好比開計程車一樣，開車的是主人，而坐車的客人，好比是我們所遭遇的各種緣。一般未學佛法的人，不免為境所轉，以客為主。心老掛在來來去去的客人身上，產生各種好壞分別、無常、不安定的心情。

當生命具足戒的清淨，定的安穩與專注，我們對身心、世間就能有更細微、通透的觀察，也就是利於修觀。止觀兩者有如鳥之雙翼，當熟練地修習時，能夠帶領眾生真實觀察到佛陀法教的深刻、細微之處，親自證知身心、外境的生滅變動，領略世間一切事物之無常、苦、無我，進而根除一切執取與煩惱，入於解脫聖者之流。

三、總結

阿含期課程，是學習佛陀生命教育的第一步，旨在為後續的學習打下良好的解、行基礎。從善學到慧學的學習，貫徹於阿含期各階段的課程中。從培養、扎穩修

學佛法的根基開始，逐步確立良善的生命方向，並在生活中以戒律己，以定攝心，以慧除妄，依佛陀的教法走上開展智慧、斷除煩惱、安定身心之道。

解脫之道關鍵的修行項目，三十七道品，也稱「菩提分法」，涵攝了完整修行道路應修習的項目。不論是修行基礎、日常生活的指引，到應如何精進努力、建立正念、開發專注、禪定力、建立如實觀察的智慧等，皆可以此修持契入。

精進地學習、實踐，能使觀看外境、身心的方式都更加敏銳、透徹與清晰。用力日久，觀看將提升到一個全新的層次，領略諸行之無常、苦、無我，進而遠離執取與煩惱，獲得解脫智慧，不再受到輪迴投生的逼迫，實證涅槃寂靜。

這樣的生命學習，所要來成就、銜接的，便是後續般若、法華、華嚴各期的修學——由寂靜解脫，開展出無盡自在、自覺覺他、多元寬弘的生命，圓滿佛陀的覺悟智慧。

學｜習｜體｜驗

◆ 我對「阿含期」的課程有怎樣的期許？

◆ 如果有機會讓我問佛陀一個問題，我會問什麼？

第二章　正法的出現與轉起

學習目標

· 從學習佛陀的證悟歷程，產生對於生命問題反省的
　動機。

· 學習佛陀對於生命問題處理的決心。

· 了解佛陀證悟後，於人間說法的要點——
　離兩端、行中道、四聖諦、八正道。

一、　佛陀證悟歷程

（一）皇宮生活——悉達多太子

佛陀出家前，原是釋迦族的太子，名悉達多，姓喬
達摩，[5] 出生於釋迦國的首都，迦毘羅衛城。[6] 太子的父
親，是當時管理這座首都的國王——淨飯王，娶有鄰邦
拘利國的公主摩耶夫人為王妃。

相傳，摩耶夫人某日夢見一頭象徵吉祥的白象，由
右脅進入胎中，不久之後就懷孕了。依照印度的傳統習
俗，懷孕後的婦女都必須回娘家生產。摩耶夫人臨盆時，
也不免俗地要告別國王，回到娘家。

5　古譯「喬答摩」或「瞿曇」。

6　這座古城，遺址座落於今日的印度與尼泊爾之間。

摩耶夫人與隨從們返鄉的途中，經過了百花怒放的藍毘尼園。傳說中，摩耶夫人在此園裡，見到一棵美得無與倫比的娑羅樹。她向上伸出右手，攀著樹枝，太子便在此時誕生了。太子出生後，行走七步，地上自然湧現蓮花，承接其足。太子一手指天，一手指地，說道：「**此即是我最後生身，天上天下，唯我獨尊。**」[7]此時也出現了九龍吐水的瑞相，地上出現冷、熱兩個水池，供太子沐浴。

　　太子的誕生，讓淨飯王與全國人民都感到非常興奮，無不熱烈地慶祝這個特別的日子。此時，有一位年老的智者阿私陀觀得瑞相，得知太子降世，便前往王宮探望。到了王宮後，淨飯王恭敬地請阿私陀坐下，問道：「您老人家為什麼會到這兒來呢？」阿私陀不理會國王的問話，只興奮地問道：「太子呢？快讓我見見他！」淨飯王於是命人抱出太子，供阿私陀瞻望。

　　阿私陀見到長相莊嚴、圓滿的太子，內心充滿喜悅，露出微笑，旋即又悲傷地哭了起來。國王見到阿私陀悲喜無常的樣子，非常擔憂，不安地問：「太子會遭受什麼不幸嗎？」

7　《根本說一切有部毘奈耶雜事》(CBETA, 124, no. 1451, p. 298, a10-11)

阿私陀回答道：「太子長相莊嚴、圓滿，不僅不會遭遇任何不幸，反而能夠求得至高無上的真理，成為人間佛陀。他將教化眾生，使眾生證悟真理。只可惜，我是一個即將老死的人，等到太子成佛，能夠說法度眾的時候，我已經不在人間。不能親聞佛法，就是我傷心的原因。」說完這些話，阿私陀向太子合掌敬禮，默默地離開王宮。

　　之後，淨飯王邀請了眾多著名的修行人為太子占卜、命名。他們仔細地觀察了太子圓滿的長相，其中有七位豎起兩隻手指，說：「太子長大以後，如果繼承王位，將成為萬王之王；如果出家修行，也必定成為一位覺者。」其中卻有一位年輕的修行者，只豎起一隻手指。他認為太子在見到老、病、死各種人生的苦相之後，一定會出家修道，成為一位覺者。淨飯王聽過修行人的預言後，以太子降生所伴隨的瑞相，決定替太子取名「悉達多」，代表一切願望圓滿的意思。

　　太子誕生後的第七天，摩耶夫人就去世，而投生到忉利天了。

　　在當時的政治環境中，成為諸國的統領是最高的政治理想，淨飯王自然也希望太子能夠承繼王位，一統天下。因此，太子可能出家修行的預言，讓淨飯王耿耿於

懷，決心盡一切可能，來阻止太子走上修道的道路。在他的認知裡，只要讓悉達多太子享受最為奢華、舒適的生活，並且永不見人間之苦，太子便不會踏上出家修行之路。

為了讓太子在寒冷的冬天不受寒風刺骨之苦，淨飯王為太子營建了一座冬宮；為了讓太子在酷熱的夏天也能感覺到清涼，淨飯王為太子營建了一座夏宮；為了度過溼熱的雨季，也蓋了一座專門的宮殿，讓太子在雨季裡，也能進行各種活動。在這樣的悉心照顧之下，太子無論何時都過著舒適、享受欲樂的生活。

由於僕人們的盡心照料與保護，太子見不到凋謝的花朵與乾枯的葉子。宮裡的每一個人也都和太子一樣，穿著種種華麗衣裳，過著歌舞昇平的日子。淨飯王還下了道命令，嚴禁宮裡的人在太子面前談論老、病、死與出家的議題。悉達多太子，便在淨飯王的百般呵護下，過了十七年的無憂歲月。

淨飯王每天的心思都花在不讓太子出家這件事情上。某天，他心裡又起了一個念頭：如果太子結了婚，有了家庭的束縛，應該就更不會出家了。於是，淨飯王廣邀所有王公貴族家中待嫁的少女來參加宴會，讓太子發送禮物，並選擇他心目中理想的伴侶。宴會中，太子與貌

美過人、氣質出眾的耶輸陀羅結識，並順利地成了婚。看到太子順利成婚，組成家庭，淨飯王非常高興，心上的石頭也落了地。他心想：「這樣一來，總有一天，太子會繼承王位，走上統理天下的道路。」

一天，長年只在宮中生活的悉達多太子，聽說宮外有座景緻優美的花園，不知道宮外的世界是什麼樣貌的他，便要求淨飯王讓他出宮去看看。淨飯王經不起太子一再請求，只好勉為其難地讓他出遊。

不過，為了不使太子看到不愉快的人、事、物而生起出家之意，淨飯王預先派人將太子會經過的街道清理乾淨，也將沿路的老弱殘病者一一隔離。為了這一次不尋常的出遊，淨飯王還派了他最忠誠的馬夫車匿陪伴太子出宮，以防止任何意外的情況發生。

不料，太子出城未遠，便看見一個彎著腰、駝著背的人吃力地向他走來。這個人衣衫襤褸、頭髮灰白、皮膚乾皺、沒有牙齒，瞇著眼睛望著太子。

太子從來沒有看過這樣的人，他吃驚地追問車匿：「車匿，這個人到底怎麼了，為什麼他不能挺直身子走路？為什麼他滿頭白髮？為什麼他沒有牙齒？為什麼他看不清楚東西？車匿，他是人嗎？」

車匿誠實地回答：「太子，他是一個老人。當他年輕的時候，也和我們一樣強壯，一樣有著烏黑的頭髮、光滑的皮膚、堅固的牙齒和明亮的眼睛。但是現在他已經衰老了，所以才變成這樣。」

「難道沒有方法可以避免衰老嗎？我也會衰老嗎？」太子緊張地問道。

「沒有！每一個人都會衰老，都會變成這個樣子的。」車匿回答。

太子嘆息地說：「人出生後，隨著時間推移，身體原來也會敗壞成這個樣子。即便富貴如我，也無法避免。世人見此，為什麼一點感覺都沒有呢？」太子內心十分激動，出遊的興致也沒有了，便吩咐車匿轉道回宮。

某日，太子再次出遊，看到地上躺著一個人，那人臉色蒼白，呼吸急促，輾轉反側，痛苦地呻吟著。太子不曾見過這樣的情景，不明白這是怎麼一回事，於是緊張地問車匿：「車匿，這個人怎麼了？他在哭嗎？為什麼他躺在地上？」

「他是一個病人，正受到病痛的折磨，所以才會這麼痛苦地呻吟。」

「為什麼他會生病呢？」太子迷惑不解地問道。

「每個人都會生病，沒有一個人可以永遠健康。」車匿說。

「病不能治好嗎？」

「有的病能治得好，有的病卻不能治好。治好的病有時也會復發的。」

「我也無法避免生病嗎？」

「是的。」

聽了這些話，太子非常難過地說：「唉！如果世人都要常常遭受病痛的侵擾，為什麼人們卻好像沒有這回事，整日尋歡作樂呢？」思索到此點，太子非常難過，於是吩咐車匿調頭回宮。

過了一段日子，太子又在車匿的陪伴下，離開王宮。這次太子看到一群人哭哭啼啼，其中幾個抬著一塊木板，上面躺著一個被布包裹著的人。這種景象讓太子感到很驚異，他問車匿：「車匿，那些人為什麼傷心？他們為什麼把木板上的人裹起來？被裹起來的人為什麼一動也不動呢？」

「那個人已經死了，所以用布包起來，一動也不動。那些人會那麼傷心，是因為他們再也見不到這個親人了。」

「死？一個活生生的生命，為什麼會死呢？」太子恐懼地問。

「因為老、病與意外的侵襲，每一個人最後都會死的。」

「難道死亡是不能避免的嗎？」

「對，世界上沒有不死的人。」

太子悲傷地說：「每個人都會死，但是大多數的人都不關心死亡的問題，他們仍然過著無憂無慮的生活，好像沒有死亡的威脅一樣。」在恐懼與不安中，太子打消遊園的念頭，吩咐車匿回宮。

日後回憶起這段生命歷程時，佛陀對弟子們如此說：

雖然擁有如此的富裕和如此的安逸，但我想：
「無知的凡夫自己會衰老，躲不過衰老，看見
別人衰老就苦惱、羞恥、厭惡，卻忽視自己：
我也會衰老，躲不過衰老。然而，正是我會衰

老，躲不過衰老，倘若看見別人衰老就苦惱，羞恥、厭惡，這對我而言是不恰當的。」當我如此省思，年輕時對於年輕的陶醉便完全消逝。

「無知的凡夫自己會生病，躲不過疾病，看見別人生病就苦惱、羞恥、厭惡，卻忽視自己：我也會生病，躲不過疾病。然而，正是我會生病，躲不過疾病，倘若看見別人生病就苦惱，羞恥、厭惡，這對我而言是不恰當的。」當我如此省思，健康時對於健康的陶醉便完全消逝。

「無知的凡夫自己會死，躲不過死亡，看見別人死亡就苦惱、羞恥、厭惡，卻忽視自己：我也會死，躲不過死亡。然而，正是我會死，躲不過死亡，倘若看見別人死亡就苦惱，羞恥、厭惡，這對我而言是不恰當的。」當我如此省思，活著時對於活著的陶醉便完全消逝。[8]

儘管淨飯王知道這些出城的經歷後，不斷給予太子更多的欲樂享受，太子卻已經對這一切不感興趣，只不斷想著生、老、病、死的問題。就在又一次的出城遊觀中，太子在某個路口看見一位身穿袈裟的人，精神奕奕，

8 《增支部・三集・第 39 經》，關則富譯，《巴利語佛經譯註 增支部（一）》pp. 285-286。

神態安詳地走了過來，太子情不自禁地上前問道：「你是誰？」

「我是一個出家修行者。為了尋求解脫生、老、病、死的方法，我居無定所，到處漫遊。」

太子過去對於生命問題的思索，彷彿在這一刻有了解決的曙光。老、病、死的苦相，使他認識到人生有種種無法逃避的苦；出家人的平靜與安詳，使他知道人生的痛苦或許是有辦法解決的。自此，他對人生有了新的看法：「雖然我貴為太子，享盡人間的榮華富貴，但是總有那麼一天，我會生病、會衰老、也會死亡。生命中有這麼多難解的課題，我不應該把時間浪費在享樂上，而應該出家修學，努力去尋找解脫痛苦的方法。」

淨飯王對於悉達多太子幾次出遊後的轉變，一一看在眼裡，心裡更加憂愁，只得更積極地思考使悉達多太子繼承王位的方法。為了讓太子歡樂無憂，淨飯王命令宮女日以繼夜表演歌舞，取悅太子。可是太子對欲樂的生活，已深感厭倦，絲毫提不起勁享受。

一天晚上，在歌舞表演過後，太子、宮女們都睡著了。太子小睡之後醒來，看見周圍的宮女醉倒在地，睡得東歪西倒，醜態百出。臉上的妝皆已褪去，有的流著

口水，有的磨著牙齒，有的張大嘴巴，有的正說著夢話。她們取悅太子的時候，是那麼美麗動人，如今躺在這昏暗的廳堂，卻如同一具具的死屍一樣。這種種情景，使太子更加明白人的青春和美貌都是虛幻的，也更堅定了出家修道的決心。

某日，經過幾日幾夜的輪番守護，宮女、護衛、隨從們都疲累不堪地睡去了。趁著這樣的機會，太子悄悄叫喚車匿，牽出白馬犍陟，離宮出走。一出城門，太子回顧王宮，暗自發起誓願：「如果找不到了脫生、老、病、死的方法，我絕不回到此地。」

想一想

我曾經如悉達多太子一般，
反省過這些事情嗎？

（二）修行求道──沙門喬達摩

經過長途的跋涉，太子與車匿來到阿奴馬河邊休息。為了表示出家的決心，太子抽出利劍，長劍一揮，自斷鬚髮。並且將身上佩戴的飾物、白馬交給車匿帶回宮中，請其轉告父王，太子已經出家了。

儘管捨棄了一切珠寶、飾物，太子發現自己身上還是穿著王子的華貴衣裳，實在不像是出家修行之人。正值此時，太子遇到了一位穿著袈裟的獵人。當時的獵人知道百獸具有靈性，只要穿著袈裟，就會將獵人誤認成修行人而疏於防備。太子以身上僅存的華服與獵人交換，獵人看見這價值連城的華服，欣喜異常，迅即和太子交換了身上的破袈裟。

　　從此以後，太子過起了出家生活。人們有時以他的姓，稱呼他為「沙門喬達摩」[9]。他的內心，已經確信生命不應浪費在追求會生、老、病、死、引起憂愁與染污的事物，生命應該致力於明白這些變動的事物的過患，與追求「無生」的涅槃。

> 在我仍是年輕年少時、頭髮正黑亮、擁有幸福和青春，正值生命中最美好的階段，儘管當時我的父母反對，流著淚阻止我，我仍剃去了髮鬚，披上了黃袈裟，離開家庭過著出家的修行生活。[10]

　　喬達摩披上袈裟之後，開始尋找修道的老師。他首先到了一座苦行林，找尋一位跋伽婆仙人。當時的人們

9　「沙門」是音譯詞，也有著努力、辛勞的意思。可泛指一切捨離世俗塵勞，精勤求道的修行者。

10　《中部・第 26 經》鄧偉仁譯，摘自《從修行到解脫：巴利佛典選集》p. 244。

普遍相信修習苦行是清淨身心的方式，唯有苦行，才能抵過贖罪，或是累積福報，以求生天。在苦行林中，喬達摩見到各式各樣的苦行者：有的穿著草衣、有的只披樹皮、有的坐在泥地裡，而有的睡在荊棘叢中。喬達摩見到這樣的景象，心生疑惑，問道：「你們這樣修行，為的是什麼？」

苦行者們回答：「我們想透過苦行，得生天之報。」喬達摩說：「生天雖然能夠得到暫時的快樂，但是福報享盡，還是會再次墮落啊！」喬達摩心想，他們所修的這種為求生天的苦行，並不是根本的解脫之道，於是決定繼續前進，不在此地逗留。藉由當地修行者的引薦，喬達摩轉而朝著一名有名的修道者，阿羅邏·迦蘭求教。

在此之前，淨飯王聽到太子出家的消息，心急如焚，於是派遣五位大臣去找尋太子，勸他回心轉意。這群人找了許久，終於在跋伽婆的指引下，找到了喬達摩。他們再三地勸請喬達摩返回王宮，可是卻被喬達摩堅決地拒絕了。眼看著任務已不可能達成，擔心著無法對淨飯王交差的五位大臣，於是決定一齊跟隨喬達摩出家修行。

隨後，喬達摩拜了阿羅邏為師，不久便證得了阿羅邏所證悟的定，並能夠自由安住其中。阿羅邏因此對他大為賞識，不但把他當作同輩看待，還要他協助自己訓練弟子，一同帶領團體。

但是，喬達摩發現，即使他已經證得了這麼精深、微細的定，人生、輪迴的痛苦，仍舊沒有得到解決。他於是決心離開此處，前往另一名頗負盛名的老師「羅摩」處求教。

　　當時，羅摩已經過世，由其子優陀羅繼承並領導徒眾。喬達摩於是轉而跟隨優陀羅學習。過了一段時間，他再度成為優陀羅最出色的弟子，證得其教導的微妙之定。喬達摩再度發現，這樣的修行方法，也不是他所尋求的解答。失望的喬達摩，決心離開優陀羅，自行摸索出一條讓身、心都能夠徹底離於欲望的修行方式。

　　喬達摩一行人，前往尼連禪河附近的一處森林修行。期間，他們修習了止息禪，練習停止呼吸；也修習了斷食，從每日只食一麻、一麥這樣微少的食物，到甚至不飲不食。這些苦行的生活，把喬達摩折磨得枯瘦如柴。喬達摩與五位隨從，就這樣在林中修習了六年。

（三）行於中道──成為覺者「佛陀」

　　儘管嘗試了止息禪、斷食這些極端的方式，喬達摩仍舊沒有得到所追求的成果。他於是在內心省思：「我相信我修習的已是極端的苦行，是過去或未來的苦行者都無法比得上的。但這些極端的苦行，仍然無法讓我證悟遠離痛苦的方法。或許，還有其他的方法能通往解脫。」

就在此時，喬達摩回想起小時候在閻浮樹下靜坐，觀照出入息而進入初禪的經驗與喜樂。他突然意識到，或許那時的經驗，正是能夠幫助他證悟的途徑。但是，以喬達摩目前羸弱的身體，是無法修習那樣的法的。

正值此時，森林的附近，有一位名叫善生的牧羊女前來供養乳糜。這名牧羊女，曾對森林中的樹神發下誓願：「如果我能找到一個好丈夫，並且在婚後的頭一胎就獲得兒子的話，那麼我每天都將親自前來供養，永遠不忘樹神的恩德。」婚後的她，第一胎果然生了個兒子，於是決定挑了一個月圓之日，前來供養樹神。她以金缽盛了一碗乳糜，走進樹林，恰好看見喬達摩坐在樹下，兩眼微合，神情莊嚴肅穆，心中產生敬意，把乳糜恭敬地供養給了喬達摩。喬達摩接受了乳糜的供養，因此逐漸恢復了氣力。

與喬達摩一同修行的五個同行者，看到喬達摩接受了食物的供養，認為他一定是貪圖享受，退轉於道，放棄修行了。他們認為，既然喬達摩已不再是那個精進的修行者，也就沒有必要再跟著他修學了。五人於是決定離開喬達摩，前往波羅奈國附近的鹿野苑，繼續修習苦行。

喬達摩吃了善生供養的乳糜，體力漸漸地恢復後，捧著金缽走到尼連河畔，將金缽投入水中說：「若能今日成佛，這缽將可逆流而上，若不能成佛，則順流而下。」結果此缽果然逆流而上，成為喬達摩證悟的印可。相傳，過去有三尊佛也曾於此以金缽入河，喬達摩的金缽正好與那些金缽共疊在一起。

　　隨後，喬達摩走向一棵美麗的菩提樹下準備靜坐，修習禪定。這時，一位名叫吉祥的割草人，來到他的身邊，供養了八束吉祥草，鋪為坐墊，成為「金剛座」。喬達摩為了表示追求真理的決心，繞著菩提樹走了三匝，面向東方，結跏趺坐，發起誓願：「縱使我皮乾骨枯，血涸形銷；如不成道，絕不起坐。」

　　喬達摩在菩提樹下所發的誓願，引起了大地震動。頓時地動天搖，連處在天上的魔王波旬的宮殿，也被震動得相當厲害。魔王波旬不願看到喬達摩證悟成佛，決定破壞喬達摩的修行，因此派了魔女、魔兵魔將，要來媚惑、威嚇喬達摩。

　　不料喬達摩不但對魔女的誘惑毫無欲心，亦對各式魔兵魔將的威嚇不為所動。喬達摩藉由大地為其累世累劫的修行作證，擊退了魔王波旬與其兵將。

波旬魔王離開以後，四周顯得格外寧靜。當夜，夜空中一顆閃亮的星辰，觸動了喬達摩的覺知。其心平穩、專注，逐步地進入初禪、二禪、三禪以至於四禪的禪定。終於，有如黑夜由光明遣散，喬達摩心中光明的智慧生起，無明破除，獲得了聖者的三種智慧「三明」：宿命明、天眼明與漏盡明。[11] 這樣的光明智慧，使喬達摩通達了生命的一切實相，得以從欲望與無知的束縛中解脫出來，永離生死輪迴之苦海，成為覺者──佛陀。獲得一切智慧，成就解脫聖果之後，佛陀繼續在菩提樹下禪修了七日，體驗解脫之樂。

　　出定後的夜晚，佛陀思惟其所證悟之法，明白世間一切皆是依著因與緣的聚集、成熟而推動的。[12] 在夜晚的前段，佛陀順著觀察了眾生的輪迴如何依因、緣聚集而生起，進而明白了「**此有故波有，此生故波生**」[13] 的道理。

---

11 宿命明，指對於過去生的生命一清二楚。如明白了過去生的出生地、姓名、長相、壽命等細節；天眼明，指清楚地知道眾生如何由善惡業的造作，感得善與不善的果報與將投生的趣處；漏盡明，指盡除無明、渴愛等煩惱（漏）的智慧，也就是通透證得四聖諦的智慧，如實知見世間之苦、苦的集起、苦的息滅，以及滅苦之道；也明白煩惱、煩惱的集起、煩惱的息滅以及消除煩惱之道，因此得以永遠從輪迴的束縛中解脫出來。並也清楚地知道，自己已經完成應完成的清淨修行，得到解脫。

12 因、緣兩字通常一併出現，如果要進一步地區分的話，「因」主要指事物運作、生起的主要推動項目；「緣」則帶出輔助的關聯項目。這兩者，是事物要能成熟、生起不可或缺的。舉例來說，為了促成「上課」這件事情，便需要有想學習的學生、願意授課的教師、適合的教室處所與合適的時節等因緣條件的具足。此外，實際上課的進行方式、成效，也都將隨著相關的因緣變化，而呈現不同的樣貌。

13 《雜阿含經・第 262 經》(CBETA, T02, no. 99, p. 67, a5)

順著緣起，生命歷程一連串生起的有十二個主要項目，這也就是之後佛陀為弟子們宣說的「十二因緣」[14]。

順觀十二因緣的流轉生起後，於夜晚的中段，佛陀逆觀了緣起法，明白「**此無故彼無，此滅故彼滅**」[15]，也就是這無盡的生命輪迴，如何得以不再流轉，得到止息。最後，佛陀在夜晚的後段，圓融地對緣起順觀與逆觀，深刻觀察了因緣生滅，自言：

> **精進禪修婆羅門，諸法向其顯現時，**
> **則彼端立破魔軍，如照虛空之日輪。**[16]

對緣起法的通透了知，即是獲得對生命實相的了解，也是破除無明，脫離輪迴的智慧。這樣的法則，並不是佛陀獨創或發明的。透過精勤修行，佛陀證得這套緣起的流轉與還滅的智慧，並於未來在人間說法時，開展四聖諦、無我、十二因緣等種種善巧教法，為的都是令眾生也能夠獲得這份解脫智慧，究竟離苦。

---

14 十二個項目分別是無明、行、識、名色、六入、觸、受、愛、取、有、生、老死。各支的涵義，將在進階的課程中介紹。

15 《雜阿含經・第 262 經》(CBETA, T02, no. 99, p. 67, a6-7)

16 《小部・自說經》(PTS. Ud. 3)，經文中譯選自髻智比丘著，釋見諦・牟心慈譯，《親近釋迦摩尼佛——從巴利經藏看佛陀的一生》p.56。

只不過，這時的佛陀內心仍有顧慮。如此觀察緣起後的六週，佛陀繼續前往菩提迦耶附近的幾個地方禪修，思惟其所證悟之法。佛陀心想：「我所證悟之法，並不容易覺察與了解，無法僅用思辨獲知，只有智者才能真正地體驗。世人普遍沉溺於追求感官享受、處於種種煩惱中而不自知。如果我要傳法於世，恐怕許多人不僅難以明白，徒增困惑，甚至可能抗拒、毀謗於法，造作極大的惡業。」

二、法輪轉起

（一）梵天勸請

此時，居住在色界梵天的梵天王，透過神通知道佛陀已然悟道，也明白佛陀對於說法之顧慮，因此來到佛陀的面前，勸請佛陀廣播教義、教化眾生。梵天王說：「佛陀，要在智慧未開的人世間傳播真理，原是障礙重重、困難萬分。眾生迷失甚久，需要救度，您已證得無上解脫妙法，請宣說教法，普利有情。」

經過梵天王的請求，佛陀以佛眼觀察這個世界，看到形形色色的眾生根器不同，就如同世間各式不同的花

朵，有各式各樣成長的因緣條件。佛陀於是決定，以順應眾生根器的方式，因材施教，來宣說解脫正法。

（二）思惟說法對象

佛陀決定弘法度眾後，便開始思考適合聞法的對象。佛陀首先想起修道時訪學的兩位外道老師——阿羅邏·迦蘭與優陀羅。可惜，兩位老師雖然各自證得高超、微細的定，卻已依其所修得的定，投生到對應的天界去了。[17]佛陀不得已，只能繼續思考別的說法對象。

佛陀接著想起了那五名曾經跟隨他精進修行的苦行僧，以他們過往精勤的修行，想必可以快速領略佛陀的教導。佛陀於是以法眼觀之，觀得這五人現在正在鹿野苑，從事苦行。

為了向五人說法，佛陀離開了菩提迦耶，向著波羅奈城，也就是今日的瓦拉那西出發。路上他遇見了一位裸行外道的修行者鬱婆迦。當佛陀經過他的身邊時，他見到佛陀莊嚴的法相，不禁產生敬意而問：「您跟隨什麼人出家？誰是您的老師？請告訴我吧！」

---

17 阿羅邏已在七天前去世，依著其所修習的定，投生到「無所有處」；優陀羅則依所修的定，於前一天投生到「非想非非想處」。這兩處地方的眾生，入於甚深的定，具有相當長的壽命，但正因入定甚深，難以聽聞、思惟佛陀的教法。

佛陀慈祥地說：「我有許許多多的老師，他們教導我各方面的知識，但是卻沒有一位老師教導我證得真理。我不怕艱難困苦，經過多年的追尋、探索，終於證得了解脫智慧。如今我已沒有執著，也沒有偏見，所以，我也可以說我就是自己的老師。現在我要到波羅奈去宣說正法，敲響不死的大鼓。」

鬱婆迦聽了佛陀的話，並沒有完全相信，只說了聲「大概吧！」便離開了。

（三）人間說法

經過長途跋涉，佛陀終於來到了五名苦行僧所在的仙人墮處——鹿野苑。五名苦行僧，聽聞佛陀要到鹿野苑說法，便相互約定一同迴避佛陀，若來不及迴避，也要對其不理不睬。

但隨著佛陀自遠處徐徐走來，他那莊嚴中帶著慈祥的相貌，深深地攝受了這五名苦行僧。他們忘了彼此的約定，紛紛走上前去向佛陀致敬，接過他的缽和外袍，為他鋪設座位，端來水、腳凳讓佛陀洗腳。佛陀入座後，這五名苦行僧以「朋友！」向佛陀問候。

佛陀和他們說：「你們不要以名字或朋友稱呼我，我現在已是一位覺悟者，要來對你們宣說正法。」

這五名苦行僧當下無法接受佛陀所說。他們認為，過去那麼辛苦地修習苦行，都沒有辦法令他成為覺者，現在既然已經放棄苦行，怎麼可能真的是覺者呢？

　　佛陀再次回應：「我現在已經成為覺者了，我來到這裡是為了對你們宣說正法。」佛陀這樣宣說了三次，這五名苦行僧也足足拒絕了三次。

　　最後佛陀說：「過去我們一起居住了六年，當時我曾經有跟你們說過『我現在已經成為覺者了』嗎？」五位苦行僧表示佛陀並沒有說過這樣的話。

　　佛陀接著說：「諸位！我已證成阿羅漢、證得無死之法。你們要仔細聽，我將教導你們這個法的內容。如果你們依此實踐，你們此世便可證得出家修行者的修行目標——阿羅漢果，證得涅槃。」這時，五位苦行僧接受教導的時機成熟，代表佛寶的佛陀便在鹿野苑，為他們三轉四諦法輪，[18] 宣說了其證悟的四聖諦與八正道，世間因此有了法寶；聽完佛陀說的法，五名苦行僧中的憍陳如尊者，最先明白佛陀的教義，正式成為比丘，世間也出現了僧寶。自此，佛、法、僧三寶具足，奠定了佛教、僧團發展的基礎。

---

18 「三轉」可以指用三種智慧來了解四聖諦。三種智慧分別為：一、了知四聖諦內容的智慧。二、了知對四聖諦應做什麼的智慧。三、了知自己已經體證四聖諦，已完成應做之事的智慧。

三、初轉之法要點

佛陀以其對生命的探索與修行所證,在人間初次說法。所說的內容,總攝了佛法的精要。其中包括了幾個重點:

(一)離兩端

佛陀教導我們,凡是走上佛法修行道路的人,必須遠離兩件事:欲樂行與自苦行。

> 諸比丘!出家者不可親近於二邊。以何為二邊耶?於諸欲以愛欲貪著為事者,乃下劣、卑賤、凡夫之所行、非聖賢,乃無義相應。以自之煩苦為事者,為苦,非聖賢,乃無義相應。[19]

1. 欲樂行

不斷地為了享受五種感官的欲望而努力、尋找,這種行為叫欲樂行。執著於五欲享樂,無法導向善道或是解脫,只會增長煩惱,無法離苦,也無法成為聖者。在追求的過程中,甚至可能使我們遭遇許多威脅、危險。

19《相應部・第 56 相應・第 11 經》(CBETA, N18, no. 6, p. 311, a10-13 // PTS. S. 5. 421)

由於欲樂行具有這種種過患，所以佛陀指出：凡是走上修行道路的人，應遠離欲樂行。

2. 自苦行

有些修行人看到了欲樂行的過患、缺失，了解到享受這些五欲之樂，只會帶來苦的結果而已。他們認為人之所以會沉迷欲樂，無法脫離欲望的纏縛，都是因為身體太過強壯、環境太過安逸。若要對治這些問題，就一定要凌虐、折磨自己，使身體疲弱，才能斷除心中不斷生起的愛欲、煩惱，並且滅除過往的罪業，投生天道。

過去的印度，有許多外道修行者都在進行這種自苦行。舉例來說，有的修行者透過赤裸全身，接受熾熱的日曬與火燒，相信熱氣能夠炙燒掉種種煩惱，當烤到足夠了，才潛入恆河沐浴，試圖將火烤的煩惱灰燼，藉由恆河水沖刷乾淨。

這樣的行為，並沒有真正解決苦的原因，只能暫時使煩惱不生起而已。更有些人因為可以從事這樣的極端苦行，而感到驕傲、自滿。這些修行方式，儘管非常困難與痛苦，但只是自我折磨，並不導向安樂，同樣也無法斷除煩惱，或成為聖者。所以佛陀告訴我們，如果要為了解脫而修行，應該要離開這類行為。

（二）行中道

離開欲樂行與自苦行這兩條道路，佛陀指出應以中道之實踐為修行之道，也就是行中道。中道，並不是正中間、平均的意思。中道的教導，要來對治世人習以為常的對立、二分的看待世界的方式，使學習者致力於對世界、身心都作出如實的觀察。

能夠支撐中道行走得深遠，走得通的，即是對緣起的把握。當缺乏緣起觀，固守兩端上時，許多錯誤的見解也就跟著產生了。像是：對的就是對的、錯的就是錯的；這是我、這不是我；這是我的、這不是我的；這是和我同一邊的、這不是和我同一邊的。隨著陷落兩端，後續的愛著、執取、對立、衝突也就隨之而來。這些，都將導致我們的輪迴與痛苦。

當我們能看出所謂對立的兩端、兩邊，各有其因緣所成，也有因緣所滅，並非本自具有對立、衝突的本質時，所謂的兩端、兩邊，也就並非表面上那樣地實在了。

兩端，不僅指前述的欲樂行、自苦行。不論生滅、常斷、同異、來去等等，也都是應離開的兩端。事物生成，是因緣推動而成；事物壞滅，也是因緣所致。當我們說那裡「有」某件事物時，那事物並非憑空出現，是由於

因緣而有；當我們說「沒有」某件事物時，也是因緣不具足所致。

二元對立的見解，根源於缺乏對緣起的體察。中道，便是順應甚深緣起，來觀察一切現象的生滅、變化無常，對世界、心態等等，都能有直接、第一線的觀察，進而走出不陷落兩端，超越兩端之解脫道路。

心｜道｜法｜師｜語｜錄

世界有兩個現象，叫做陰、陽，叫做空、有，叫做得、失，叫做富、貧，叫做有錢、沒有錢，所以我們總是在兩極裡面浮沈。

所以我們的心會像浪一樣有高有低，因為我們有得失心、有好壞心、有是非心，所以這個都會讓我們痛苦啊！

我們的心不能住在得、不能住在失，不能住在有、也不能住在無，也不能住在假跟真裡面，所以要離開兩邊呢，這個心才會安定，叫做平等心。

（三）四聖諦

聖，指高超、尊貴、非凡的；諦，指真實不虛。佛陀揭示苦諦、集諦、滅諦、道諦這四聖諦，教導眾生生命的實相，並開展一條轉凡成聖的道路，引領眾生永離於苦。

四聖諦個別的內容是什麼呢？我們可以透過經典一則醫王醫病的譬喻來認識：一名好的醫生，能夠清楚地知道患者得的是什麼病，以及知道病的起因，進而明白如何對治。除此之外，好的醫師還可以讓患者從此遠離病因，使病不再復發。

而佛陀有如醫中之王，不只醫治眾生身體的疾病，更醫治眾生生生世世的一切苦痛。佛陀以苦諦指出眾生的疾病，教導處在輪迴中的生命究竟是苦；以集諦診斷病灶，揭露苦的根源；以滅諦帶出自病中康復、不再復發的境界，教導苦可被盡除，達致無苦之解脫；以道諦指引眾生服用良藥，教導眾生息滅眾苦，令苦永不復發的滅苦之道。[20]

因此，學習四聖諦，是學習佛法重要的基礎。就像大象的足跡如此巨大，可以包攝一切動物的足跡，四聖

20《雜阿含經・第 389 經》(CBETA, T02, no. 99, p. 105, a25-b19)

諦也能包攝一切佛陀教導的善法。如舍利弗言：「**所有善法皆為四聖諦包攝**。」[21] 學習四聖諦，能使學習者提綱挈領，快速地領略佛法全貌。

四聖諦的智慧，也是解脫的關鍵。唯有如實證知四聖諦，才能離開生死輪迴。有如蓋大樓時，無法跳過一樓來蓋二樓一樣。從最初的認識與學習，搭配持戒與禪修等等修學，不斷地層層深入，對四聖諦的智慧也就會越來越穩固與清晰，直到如同佛陀對四聖諦的智慧毫無偏失與疑惑時，就能夠真正地解脫於苦。

> 我常與汝等，長夜涉生死，
> 不見聖諦故，大苦日增長。
> 若見四聖諦，斷有大流海，
> 生死永已除，不復受後生。[22]

（四）八正道

在佛陀即將般涅槃時，有位據說年已一百二十歲的須跋陀長者前來求法。須跋陀表示，因為當時的印度百家爭鳴，各家理論眾端紛說，難以抉擇何者為是，所以

---

21 《中部・第 28 經》(CBETA, N09, no. 5, p. 254, a6-8 // PTS. M. 1. 184-185)

22 《雜阿含經・第 403 經》(CBETA, T02, no. 99, p. 108, a19-22)

感到莫大的困惑。佛陀在應答中便指出，八正道可以作為檢驗的判準。[23]

四聖諦，教導通往解脫必須具備的智慧；八正道，則是佛陀與過去一切聖者證悟的離苦道路。

今我如是，得古仙人道、古仙人逕、古仙人跡，
古仙人去處，我得隨去，謂八聖道。[24]

八正道是道諦的開展，而四聖諦的智慧又屬於八正道中居首的正見，兩者就這樣巧妙地互相涵攝。實踐戒、定、慧具足的八正道，就是行走在通往覺悟的中道。不論是對於剛開始學習的入門者，或是有經驗的修行者，都能透過持續地走在這條道路上，逐步通向解脫。

四、總結

從享盡欲樂的悉達多太子，到看清世間苦痛，出家尋求出路的修道者喬達摩，再到通達生命實相的佛陀，

---

23 《長部經典·第16經》(CBETA, N07, no. 4, p. 103, a3-p. 108, a2 // PTS. D. 2. 148-153)

24 《雜阿含經·第287經》(CBETA, T02, no. 99, p. 80, c27-29)

釋迦摩尼佛的故事，並不是讓我們將其當作一個傳奇、神話故事，看過就算。

　　我們可以將佛陀的生命歷程，作為生命的典範來反思。藉著佛陀對安逸生活的反省，我們一同反省人生所求為何；從佛陀敏銳地發現生命中種種困苦的逼迫，我們學習其重視、剖析、處理生命問題的努力；順著佛陀的發現與教導，我們努力行持，期能隨佛陀一同離兩端、行中道，為證知四聖諦，而修持八正道。

學｜習｜體｜驗

◆ 對我而言，什麼是快樂？

◆ 我如何看待生命中的老、病、死？

◆ 我為什麼會想要學佛？

◆ 在生活中，我們容易陷落哪些對立的兩端？
　可以怎麼避免呢？

學習筆記 *Note*

第三章　苦諦—覺察生命境況

學習目標

· 體會苦諦的深刻義。

· 深刻地理解、觀察苦，發起出離心，
　成為修行與實踐的力量。

· 在日常生活中，能發起對自他之苦的深刻覺察，
　長養慈悲心。

一、何謂苦諦？

　　在前面的課程中，我們學習到以醫王醫病的譬喻來理解四聖諦。佛陀畢生說法，便是以醫王之姿，看出處在輪迴中的眾生之生命都處於苦中，來對此精準地開出藥方，斷除眾生之苦。

想一想

◆ 我覺得苦是什麼？

◆ 我遭遇過哪些苦？

也許有些人一聽到佛陀教導生命是苦，便覺得佛教十分悲觀或厭世。心想：「我明明就很健康、快樂，為什麼佛陀一定要說人生是『苦』呢？」

其實，「苦」除了身體、心理上遭逢的痛苦以外，還有一層更深刻的涵義，指出了「不安穩、不令人滿意」的意思。苦的這層涵義，促使我們去觀察平常經驗、追求的快樂，究竟是在什麼樣的基礎上成立的。又，這個基礎是否穩固？會不會有潛在的過患？如果會產生問題的話，有沒有改變的可能？當嚴肅地面對這些問題，將會對已獲得、追求中的種種「快樂」，有更多的省思。

回顧佛陀尚未出家前，正是深刻地體察到世俗對於財富、美色、權力等等的追求，終究都是不可靠、不斷變化的；人生中的老、病、死，也終究是無法避免的。所以，從中得到的快樂往往是短暫的，總逃不過消失與敗壞。若我們認為這些不斷變動的、將會敗壞的事物能夠持續提供快樂、是可以依靠的，我們將難免失望，並遭遇苦。

也許有些人遭遇過許多變化的痛苦，如：喪失親人、失去珍貴的財產等等，因此認定「我確實感覺人生是苦，可以說是一點希望都沒有！」這樣的論點，也不是佛陀的教導。佛陀指出，世俗的快樂是不斷變動的，而種種

苦厄的遭遇也不例外。只要能夠找出推動苦的主要因素，並且處理它，我們將能夠遠離於苦。

因此，佛陀揭示苦諦，要帶領我們一起對生命做更真實、長遠的反省。並不是要讓我們感到悲觀、虛無，進而消極地面對生命。其實生命中遭遇的苦，可以作為我們的老師，時刻地提醒我們應該注意生命的處境，並把握機緣，尋找方法脫離於苦。

關於苦，常見的有三苦與八苦的教導。三苦為：苦苦、壞苦、行苦；八苦則有：生苦、老苦、病苦、死苦、怨憎會苦、愛別離苦、求不得苦、五取蘊苦。

苦的分類、教導方式，還可以有很多種。但應注意，佛陀無意要製作一本苦的百科全書。學習苦諦，並不是讓我們練習歸類生活中的大小事，而是要培養對生命深刻的覺察，來牽動四聖諦之學習。藉由了解苦，策發出離心，轉化成為積極修行的動力，和幫助眾生離苦的願力。

（一）三苦

1. 苦苦

苦苦，指身、心各式各樣的不順遂、病痛之苦。

我們在生活中，免不了遇到各式各樣，大小不等的逆境，如跌倒受傷、遭逢疾病、遭人指責等等，進而產生了身、心的苦。這些苦，既發生在我們身上，也會發生在其他眾生上，是一種可以直接感受、體驗到的苦。

2. 壞苦

壞苦，指所喜境界的消逝、變壞帶來的苦。

人生中，好像不只經驗苦，也擁有許多快樂的時刻，像是新居落成、享用美食、中了大獎等等。但佛陀提醒我們，當這些帶給我們快樂的人、事、物產生了變異、變化、變壞之時，若我們未能具足智慧，如實正觀，便會受苦。

舉例來說，當我們突然遭逢情變，或者是在人生巔峰時遭逢名聲、權力、財富的喪失、變化；又或者是因逐漸年老，失去健康與美貌，這些變化的降臨，往往都讓我們不知所措、無法接受。

如果能夠深刻地對世界、自身的感受觀察與反省，我們將會發現世間令我們感到快樂的，終將面臨變異。當我們無法順應這些變化，便會產生痛苦。這種苦，便叫做壞苦。

想一想

◆ 我最愛吃的食物是？
◆ 如果未來一年我每餐都只能吃同樣的食物，這份喜愛會轉變嗎？

3. 行苦

行，指因緣的「組合造作」。由於世間事物皆是由因緣推動、支撐，故也皆會隨著因緣的生滅異動而變遷不息。正如《金剛經》所言：「一切有為法，如夢幻泡影。」[25] 任何我們認定為恆常的事物，其實都有支撐的因緣條件，即使在很短的時間內，也在不斷地生滅變化，而是無常的。行苦，便指輪迴中的眾生，總是處在這種事物遷變不已，無有剎那常住與安穩的情況中。

與苦苦、壞苦相較，行苦更為深刻、微細且不易觀察。雖然我們所處的環境，時時刻刻都是無可掌握、無法確定，究竟無樂可得，但我們不一定能夠真正認識到這點。往往只是一次又一次地依著這些變化、不穩定的基礎來追尋快樂，因此不斷地遭受挫折。反覆地經歷這個從追求到失望的過程，便是未能如實地體察到行苦的緣故。

25　《金剛般若波羅蜜經》(CBETA, T08, no. 235, p. 752, b28-29)

（二）八苦

1. 生苦

在佛法教導中，我們這一輩子生的端點，並不落在嬰兒出世，呱呱墜地之後；也非具備某些生理特徵後才算數。一旦「識」入胎後，一期生死也就開始流轉。

雖然新生命的降生，往往被視為令人喜悅的事情，但是胎兒在母腹中所處的困苦處境，我們卻未必真正了解。如《大寶積經·佛說入胎藏會》中，對胎兒的處境有深刻的描寫，略有三大要點：

◆ 胎兒所處的子宮夾在盛滿未消化食物的胃，與充滿排泄物的直腸之間，空間狹小、擁擠、不淨。

◆ 隨著母親的行動、飲食不當，胎兒都可能受苦。如經中所述：

> 若母多食或時少食皆受苦惱，如是若食極膩、
> 或食乾燥、極冷極熱、鹹淡苦醋、或太甘辛，
> 食此等時皆受苦痛。若母行欲，或急行走、或
> 時危坐、久坐久臥、跳躑之時，悉皆受苦。[26]

26　《大寶積經·佛說入胎藏會》(CBETA, T11, no. 310, p. 330, b27-c2)

◆ 胎兒不僅是處於胎中便受盡種種苦，連要順利生產，也都不是理所當然的事情。如果胎兒善的因緣不具足，將可能會有胎位不正、難產而未能順利降世的情況發生。

生苦，除了描述胎兒處胎的苦外，還有一層更深刻的涵義：生帶領眾生進入輪迴，牽引出一次又一次的生死。換句話說，只要仍有出生，眾生就免不了種種苦的逼迫。

2. 老苦

對於正值年少、壯年者，是否曾經思考「我真的會老嗎？」這個問題？對於年華已逝者，我們曾經想過自己會變成今天的模樣嗎？老，會帶來什麼樣的苦呢？

老，是人生中難以避免的。隨著年紀增長，各種身體與心智的衰敗，便以各種不同的面貌呈現。外貌上，如牙齒鬆動、髮白斑駁、皮膚鬆皺；器官機能上，則有慢性疾病、重聽、視力退化、食而無味、行動不便等等。這些伴隨著身體衰敗而來的苦，往往是我們身強體健時無法想像的。

佛陀教導老苦，讓我們認知到衰老是生命無法逃避的階段，並不是要老年人感嘆自己一身病痛、無有用處。

許多年長者，不論老、病，總是不斷地利用機會學習、服務、奉獻，而都可以成為我們的典範。我們一方面認知到老苦是不可喜的，另一方面，時刻明白老死之逼迫，更能把握有限的氣力、資源做出離的學習、菩薩的奉獻，與智慧的開展。

3. 病苦

我們的身體，由地、水、火、風這四大元素交織組成，成為「色身」。當時節變化、飲食不當等因素，造成這些元素的運作失去平衡，各類的疾病也就出現了。伴隨疾病而來的身、心苦痛，就稱為病苦。

面臨病苦的時候，可以怎麼辦呢？這時，可以藉機鍛鍊對感受的覺察。經典中有一則「中毒箭」的譬喻，指出一般沒有修行的人，對於快樂、痛苦的感受，通常都是渾渾噩噩地搞不清楚。當遇到順境，就產生快樂的感受，而不斷貪求、執取；遇到逆境，就產生了苦的感受，進而用拒斥、瞋恨的態度來面對。

在這種狀況下，凡夫因病遭逢身體的苦時，往往只懂得心生怨懟，不斷地抱怨與哀號，進而放大了痛苦。這就像是中了身受這一箭之後，又再中了心受這第二支箭一樣。

同樣遭逢身苦，精進的修行者卻能夠透過清楚的覺察，使得身體經歷苦、樂受的時候，心卻不隨之起舞，不生煩惱。如此，進一步的執著、怨懟也就不會生起了。這樣，也就是不受第二支箭。

> 譬如士夫被一毒箭，不被第二毒箭，當於爾時，
> 唯生一受，所謂身受，不生心受。[27]

佛陀弟子中，號稱天眼第一的阿那律尊者，便有透過修習四念住而正念、正知降伏、度過病苦的案例，[28] 可供我們作為目標努力。

4. 死苦

當四大解散時，眾生之壽命、身體的溫度、識這三者一一消散、止息。眾生處在這個過程中時，多半遭遇極大苦痛，如同將烏龜活生生地脫殼、螃蟹活生生地烹煮一般，故名死苦。

27《雜阿含經・第 470 經》(CBETA, T02, no. 99, p. 120, a25-27)

28《雜阿含經・第 540 經》(CBETA, T02, no. 99, p. 140, b26-c12)

想一想

◆ 我害怕死亡嗎？

◆ 我們爲何懼怕死亡？

◆ 應如何面對死亡？

心｜道｜法｜師｜語｜錄

◆

因爲不知道「生從何來」，所以不知道「死往何去」。我們對「生從何來」不知道，所以我們對生死是一個迷惑；因爲迷惑的關係，我們死亡的時候也不曉得要去哪裡，所以變成一種「恐怖」。如果你懂得「生從何來」的話，你就不會恐怖了！你知道「死往何去」。所以我們爲什麼要修行？就是要懂得「生死無常」。

死亡，有如期末考，對於生命輪迴的投生去向，是很重要的時刻。《雜阿含經》中，以「燒燃法」指出，若是平時不守戒，多行惡行，造作身、口、意的種種惡業，

臨終時將會憶念起諸多惡行，並且在未來以不善心相續，投生惡趣。[29]

相對的，若是平時持守淨戒，多行善業，將能以善心命終，後世亦投生善趣，是為「不燒燃法」。由此可知，要對死能有充足的準備，平日的善行、持戒等修行是非常重要的。

心｜道｜法｜師｜語｜錄

如何在臨終往生時，有好的靈性歸宿，如何才不懼怕？就是念佛。除了日常生活累積善行之外，我也鼓勵信徒平常一定要如實精進做修行定課，念佛、禪修、持〈大悲咒〉。而當往生的那一刻到來時，我們才能真正不懼怕死。

在生、老、病、死的不斷輪迴中，我們往往隨之漂流，無可自主。佛陀在《省察經》中，提出了一組可供僧俗二眾經常練習與反省的省思。經常地如此反省，慢慢便

29　《雜阿含經・第 1244 經》 (CBETA, T02, no. 99, p. 341, a6-b16)

能轉變我們對於人生的觀念與看法，進而轉化成為修行的精進力。這組反思分別為：

1. 我必會老，我尚未超越老；
2. 我必會病，我尚未超越病；
3. 我必會死，我尚未超越死；
4. 我親愛的人或物，終必會消失或離開我的；
5. 我是業的擁有者，我是業的繼承者，業是我的根源，業與我關係密切，業是我的依歸，無論善業或惡業，我都要承受其果報。[30]

心｜道｜法｜師｜語｜錄

「輪迴」是佛法裡的根本概念，相應於人對生死的徬徨，也是學佛人要去參的根本大問題。其實，不只學佛的人，應該每個人都要試著去想像，每天都要練習去想像，自己什麼時候會死？會怎麼死去？「死」——身體功能的結束，就是所有都終結嗎？死了以後，是不是還有覺知？若還有覺知，不曉得會跑到哪裡去？我們必須要趁早探討這個問題，很多人生看法才會改變。

---

30 摘自梁國雄居士譯，《增支部‧第5集‧第57經》(PTS. A. 3. 71-75)，來源：http://bemindful.weebly.com/12298304652351932147122995an-557.html

5. 怨憎會苦

怨憎會，指與討厭的人、事、物相遇。所討厭的，可能是某些昆蟲、食物、工作任務，甚至可能是「自己」。這些境遇，往往帶來許多身體上的苦，或是心的怨懟與不滿。這便是怨憎會苦。

對於怨憎會苦，我們可以怎麼面對呢？經典中提到，面對著討厭的人、事、物，與其生起瞋恨心，不如試著對其發起慈心，也就是希望對方得到快樂的心。當我們遇到與自己不合的人，而對他修了慈心，不但能讓對方的瞋恨心不會影響到自己，自己內心的瞋恨心，也能夠漸漸地平息。

6. 愛別離苦

當被迫與喜愛的人、事、物分離時，便容易生起愛別離苦。面對愛別離苦的時候，我們要明白到，處在生死輪迴中，誰也免不了遭遇這樣的苦。

佛典中有一則「瞿曇彌喪子」的故事，提醒我們應當明白這些與摯愛別離的痛苦，是逼迫的，卻又是無法逃避的。若能夠真正理解到這點，便能夠平息內心的悲痛與不捨。

故事敘說一名自幼貧寒、瘦弱的女孩，翅舍‧瞿曇彌，因為嫁入豪門，並生下了個能夠作為家業繼承人的男孩，轉變了過往悲慘的命運。這個兒子，可說是瞿曇彌一切幸福快樂的來源。因此，她對兒子的疼愛與執著，遠遠超過了一般的母親。

好景不常，這個孩子沒多久後就生病死去了。對瞿曇彌而言，孩子就是她的一切。孩子一死，所有好不容易得到的幸福、快樂，似乎也就跟著煙消雲散。種種的猜想、憂慮，最終使她精神崩潰，拒絕接受孩子死了的事實，認為只要適當的醫療，孩子仍有機會回復健康。因此，她失了魂地到處尋求醫治小孩的醫藥。

歷經無數失敗，瞿曇彌被介紹到了佛陀的面前。她焦急地向佛陀請求醫治孩子的藥，佛陀善巧地，請她先到家中沒有死過人的家庭中，取得一些常見的芥菜子做藥。欣喜非常的瞿曇彌，立刻到處尋找符合條件的芥菜子，卻遍尋不得沒有死過人的家庭。

經歷一番奔波之後，瞿曇彌終於領悟到死亡是世間的常態，放下對兒子的執著，隨佛出家，精進修行。

7. 求不得苦

愛別離苦，告訴我們已經獲得的，將會失去；求不得苦，則敘說想要的得不到的苦。當代鼓吹各類物質享受，讓我們每日從起床睜開眼睛開始，便不斷接受各式欲望追求的勾引。如果我們沒能時刻注意自己被帶動、牽動的雜亂心念，求不得苦只會益發增長。

經典中提到幾種求不得：一、因為明白種種輪迴之苦，想要馬上遠離這些苦；二、對於種種身心痛苦，想要轉成樂；三、對於已得到的身心快樂，想要維持恆久不變。若是身陷這些求不得，都可能造成我們的求不得苦。

8. 五取蘊苦

以上的種種苦，可以總攝為五取蘊苦。何謂五取蘊？蘊，是積聚的意思。佛陀教導我們，處在輪迴中的眾生，其身心皆可以進一步分析為色蘊、受蘊、想蘊、行蘊、識蘊這五種積聚，也就是五蘊。而可被執取的五蘊，便稱為五取蘊。能伴隨著煩惱的身心運作，有色取蘊、受取蘊、想取蘊、行取蘊及識取蘊。

五取蘊能使眾生反覆地投入輪迴，投生六道。由此，各式各樣的身苦和心苦得以生起，因此，佛陀說五取蘊是苦。

二、爲何要學習苦諦？

回扣到佛法的修習上，苦諦之學習大致可以助成修行上的幾個要點：一、發出離心。二、勤修離苦。三、培養慈心。

（一）發出離心

苦諦，直接且扼要地帶出了眾生所處的生命現況。無論種族、性別、地位，生於人道或是天道，只要身處輪迴，都必須面對無常、變化，遭受種種不同苦之逼迫、樂之消逝。一般人鮮少覺察到這樣的苦，顛倒地以苦爲樂，自然不可能以出離輪迴作爲目標，也就難以踏上修行佛法的道路。苦諦提醒我們世間的真相，讓我們正視老、病、死等苦，生起出離心。

> 於色聲香味，觸法六境界，
> 一向生喜悅，愛染深樂著。
> 諸天及世人，唯以此爲樂，
> 變易滅盡時，波則生大苦。
> 唯有諸賢聖，見其滅爲樂，
> 世間之所樂，觀察悉爲怨。[31]

31　《雜阿含經·第 308 經》(CBETA, T02, no. 99, p. 88, c4-10)

通常，我們只在理智上明白了苦，但不一定會把它視為嚴重的問題。苦諦為四聖諦之首，便是讓眾生先看清楚生命境況，培養對生命苦、樂的細緻覺察，才能生起堅實的出離心。如同先看清楚身處火宅，才能力求出脫，不再執著於火宅之中遊憩。

一旦如實了知目前所擁有的快樂，其基礎都是變動、不可靠、引起過患的，便能夠生起想要改變的動力。是以，病苦、死苦、種種苦都是提點我們的老師。這種由於了知而生起的出離心，不會執取苦不放，而能使我們明辨苦樂，積極實踐佛法，來對治苦。

心｜道｜法｜師｜語｜錄

世間真的非常苦，無常，身體的苦，事業上起起伏伏的苦，生離死別的苦，求不得的苦。很多人生的問題，不公平的事情太多，不曉得怎麼去解決，要向誰申冤，世間這麼多不平的事情！

所以生命呢，有的非常風光，有的不是非常風光，可是對這個苦暫時都有體會。

今天因爲我們的苦，因爲要解決苦，要解決煩惱，要解決生死，所以我們學佛。因爲我們的苦就是輪迴。我們如何了解超出輪迴？就要明心見性。

明心見性、開悟成佛。開悟，你才能夠眞正了脫生死。

（二）勤修離苦

面對生活中的種種苦時，佛陀教導我們，可以多加地觀察、思考：這些苦是怎麼來的？突然來襲的苦，是什麼因緣所促成？已經產生的苦，又是為什麼會更為猛烈？

要回答這些問題，首先必須認識業果法則。佛陀以業果教導我們，過去身、口、意所造作的善業跟不善業，是目前所面臨的快樂或痛苦之境遇最重要的原因。接受這一法則，並謹記在心，是正確見解的一種，也稱為「業自所有正見」。

有了這樣的正見，明白苦與行為的業力有密切關聯，就能夠生起決心來調整行為，避免再造作苦因。

綜上所述，佛陀教導苦諦，並不是要我們困於苦的現況，而是提醒我們，應該進一步地對苦的因緣觀察與了解，設法對治。所以佛陀說：「**自為自依怙，他人何可依？**」[32] 就是提醒我們，這些功課無法由他人代勞，必須由自己努力實踐。

佛陀也常教導弟子以「慚愧」，作為防非止惡的下手處。慚，是尊重自己的身份，恥於造作惡業，像是思惟自身是別人的父母、師長，乃至有著佛弟子的身份，因此恥於行惡；愧，則是畏懼惡業將帶來的苦果，所以不願造作惡業。慚與愧這兩者的培育，將可遣除散亂、放逸的心，產生積極改變的動力。

（三）培養慈悲心

練習對自身的苦覺察，除了加強自身的解脫力外，也能夠發起對他人苦的覺察與同理。這樣的能力，構成了佛陀教導持戒、不傷害他人的基礎，同時，也能夠更進一步地培養我們的慈心與悲心。

慈、悲兩字，經常伴隨著出現。分開來看時，慈心，指願自己以至眾生，皆能得到快樂的心。悲心，是願自

32　《法句經・第 160 偈》(CBETA, N26, no. 9, p. 29, a10 // PTS. Dhp. 24)

己以至於眾生，遠離一切的痛苦的心。由於透過觀察了自己的身心，明白了粗顯的、細微的苦，也就能夠用這份體會，作為幫助他人的根基。

以心道法師為例，其自幼生長於戰亂亂世，因此，對於和平的可貴有更多體認。由這樣的體認，心道法師轉化所遭遇之苦，形成了其一生以觀音法門，救度眾生的願力。

心｜道｜法｜師｜語｜錄

我出生於緬甸，雙親都是來自中國雲南邊境的華人。戰爭爆發之際，我與家人失散，完全斷了聯繫，當時我年僅四歲，幼年時期，我即已獨立生活。我親身經歷這種悲慘的痛苦，也經驗戰爭帶來的屈辱；後來，我立誓奉獻於療癒痛苦的志業。我願祈求：全世界無依無靠、稚幼可憫的孤兒，都能得到社會溫暖的照顧、和國家的栽培。[33]

---

33 從與人為善，到實際濟貧、賑災、布施，到參與水陸法會、修習觀音度亡法門、圓滿施食等等，都可以是由苦的領會而來進行的法門。

三、總結

　　佛陀因眾生處在生死之流中，受盡各種苦痛，因此開展了四聖諦的教導，讓眾生得以超脫於苦。四聖諦以苦諦為首，揭示了世間的變動無常、危脆不安、無可把握、不令人滿意，並究竟無樂可得。苦的教導，常見的有三苦與八苦，對這些名相的學習，重點並不在將生活中遭遇的苦分門歸類，而是要明白世間有如火宅，發起深切的出離心。

　　在生活中，應多思惟苦諦，了知苦諦。並且以苦為師，省思苦的來源，以善惡業果的角度生起慚愧與懺悔，反省自身，精勤修行以離苦。最後，由對苦的深刻覺察，轉化成為對他人深切關懷、切身感受的資糧，來培養廣大的慈心與悲心。

心｜道｜法｜師｜語｜錄

◆

　　生活中也能夠了解到這些物理、現象的變化是為什麼？我們了解怎麼去處理現象的因果世界、心理世界。阿含從這個現象理解了，就要做一些慈悲喜捨的事情，也就是怎麼樣讓我們能夠生起慈悲心，怎麼捨掉這種現象的不真實，能夠看到現象的因果道理。

學｜習｜體｜驗

◆ 觀察發生在我身上、發生在世界上有哪些苦？

◆ 我通常用什麼方式解決日常生活中的苦？有效嗎？

◆ 學習苦諦後，對日常生活中遇到的苦，我是否有不同的看法？

◆ 練習《省察經》中的五個省察，觀察你的生活是否有所轉變？

◆ 怨憎會時，練習以慈心應對，並記錄是否有效。

學習筆記 Note

第四章　集諦—思惟苦自何來

學習目標

· 透過對苦因「渴愛」的認識，在日常生活中，
　覺察渴愛的現起。
· 了解渴愛的過患。
· 初步學習對治渴愛的方式。

一、何謂集諦？

　　集，指集起、生起、原因。四聖諦的苦集聖諦，是佛陀對生命為何流轉為苦的教導，使我們明白為什麼會痛苦。

　　已親自見到苦因，斷了苦因，從一切苦中解脫的佛陀告訴我們，渴愛是生、老、病、死等苦最主要的根源。唯有拔除渴愛，我們才能遠離種種的苦。

二、渴愛為苦本

> 諸比丘！苦集諦者，即是此，謂：後有起、喜
> 貪俱行、隨處歡喜之渴愛，謂：欲愛、有愛、
> 無有愛是。[34]

佛陀說，渴愛是苦的根源。我們也許會對這個答案覺得不解：在我們的日常經驗中，各式各樣的「愛」似乎往往是伴隨著快樂的。如：擁有一段美好的戀情、享用喜愛的美食、獲得夢想已久的名車等等。

《愛生經》中，[35] 波斯匿王也有這樣的疑問。一日，波斯匿王問了作為佛弟子的茉莉夫人：「聽說佛陀說，因為有了渴愛，所以有種種愁感、啼哭、憂苦、煩惋、懊惱，是這樣嗎？」

茉莉皇后回答：「沒錯，確實是如此，因為渴愛生起，所以這些痛苦才會跟著發生。」

「妳只是老師說什麼，就跟著說什麼而已！」波斯匿王不以為然地說。

34　《相應部‧第 56 相應‧第 11 經》(CBETA, N18, no. 6, p. 312, a6-7 // PTS. S. 5. 421)

35　摘自《中阿含經‧第 216 經》(CBETA, T01, no. 26, p. 800, c20-p. 802, a10)，另參《增壹阿含經‧第 13 品‧第 3 經》(CBETA, T02, no. 125, p. 571, b28-p. 572, c29)、《中部‧第 87 經》(CBETA, N11, no. 5, p. 115, a2-p. 121, a6 // PTS. M. 2. 106-112)

「如果大王你不相信，可以自己去問佛陀，不然也可以請使者前去詢問。」

波斯匿王於是派了使者去問佛陀，果然也得到一樣的答案。

「所以佛陀真這樣說啊？」波斯匿王依然不解，茉莉皇后趁機善巧發揮，對波斯匿王說：「大王，不然我來提問，你試著回答我。你愛你的兒將毘琉璃嗎？」

「愛啊！」波斯匿王回答。

「那麼，如果你的兒將出了什麼事，或者不再忠誠於你，你會怎麼樣？」

「如果是那樣，我一定會生起許多愁感、啼哭、憂苦、煩惋、懊惱。」

「那麼，你愛你的大臣、大象、公主、妃子，以及你所統治的加尸及拘薩羅國嗎？」茉莉皇后追問。

「當然也愛啊！」

「當這些有了變化、意外，你怎麼辦呢？」

「如果真的失去這些，我說不定連命都沒了，怎麼可能不生起愁感、啼哭、憂苦、煩惋、懊惱呢？」

「因為這樣，所以可以知道是因為愛生起，所以有種種的愁慼、啼哭、憂苦、煩惋、懊惱。大王，我再問你，你愛我嗎？」

「當然愛啊！」波斯匿王回答。

「如果有一天我遭逢了變故，你會如何？」

「妳要是有個三長兩短，我一定會生起愁慼、啼哭、憂苦、煩惋、懊惱。」

「這就是了，所以有了愛，就會有種種的痛苦。」

波斯匿王隨著這樣的一問一答，終於心開意解，禮敬佛陀所在的方向，決心皈依三寶，終身作為佛陀的在家弟子。

另一次，有位村長請求佛陀開示苦的生滅。佛陀在問答中問到：「當你的孩子還沒出生時，又或者你還沒遇見夫人時，你會對他們有欲求、親暱、愛念的心嗎？」

「是不會的。」村長回答。

「那麼，當他們突然遭逢意外、遭到盜賊綁架、殺害，你是否會苦惱、憂愁呢？」

「如果真的遇到這樣的事，我的內心會無比憂愁、痛苦，就跟死了沒兩樣，怎麼可能不生起憂、悲、苦、惱呢？」

「正是因為這樣，所以應該知道一切眾生的苦，都是因為愛欲而來的，因為愛欲生起，以愛欲為因緣，苦才得以生起。」[36]

想一想

◆ 苦和渴愛的關係是什麼？
◆ 難道不是因為變異，才造成苦嗎？

在這兩則故事中，我們可以發現，渴愛與苦的產生，有著密切的關聯。不只是有了渴愛才有苦；當渴愛越強烈，相關的苦也就更強烈。

---

36 摘編自《相應部・第42相應・第11經》(CBETA, N17, no. 6, p. 25, a11-p. 29, a3 // PTS. S. 4. 327-330)。

心｜道｜法｜師｜語｜錄

有了愛情就有了情緒，因為是沒有辦法控制的東西。你們慢慢實驗看看，有戀愛的時候，那情緒就來了。

所以佛法是理性，理性加慈悲，如果我們能夠常常戰勝自己的情緒，那我們就煩惱少、快樂多；我們沒有辦法戰勝自己的情緒，就煩惱多。

————————

居士：佛教感覺都叫我們不要愛？

心道法師：沒有不叫你愛，只是告訴你愛的麻煩是什麼，你如何面對你的愛的麻煩，然後生起更大的愛。

渴愛，和本著慈悲對眾生之愛護並不相同。渴愛由於帶著貪染，將引生緊抓不放的執取。這份執取，將會導致後續的苦。我們可以透過學習渴愛的性質與種類，更深入地認識渴愛。

渴愛具有的性質，主要有三個：

◆ 後有起——推動輪迴再生。

◆ 喜貪俱行——由喜和貪伴隨。

◆ 隨處歡喜——到處尋求歡喜。

渴愛的種類，初步也可以分成三種：

◆ 欲愛——對感官欲樂之渴愛。

◆ 有愛——伴隨常見、助長常見的渴愛。

◆ 無有愛——伴隨斷見、助長斷見的渴愛。

（一）渴愛的性質

1. 後有起——推動輪迴再生

有，是存有的意思。後有起，指渴愛能夠推動後續輪迴生命的再生。渴愛，是眾生輪迴受苦的主要原因。若沒有渴愛的幫助，再生是無法產生的。

生命在輪迴中的狀態，大致處在惑、業、苦的循環中。惑，泛指對生命、世間的實際狀況不清楚、迷惑、染汙的狀態，包括了無明及渴愛等煩惱。無明、渴愛等惑，推動了身、口、意的行為造作，也就是業。由迷惑而造

業的過程中，由於缺乏智慧，就像處在缺乏光明的暗室中，看不清楚，卻還要勉強行走一樣，只會招致危險，也就推動了繼續輪迴的苦。是以經典中說：「**愛緣不盡，身壞命終，還復受身。**」[37] 也就是告訴我們渴愛是輪迴再生的根本原因。

因此，佛陀也以滋潤、潤澤的意象來譬喻渴愛。田地中的種子就像識，過往造作的業就像田地。當兩者有了象徵渴愛的雨水或灌溉來滋潤時，就有了發起再生、存有之芽的可能。[38] 渴愛，就如此使眾生在各種不同的生命中流轉，受縛於一世又一世的輪迴，因此佛陀也用羅網、黏著的膠等等意象，來形容渴愛。

心｜道｜法｜師｜語｜錄

因為我們有愛、取跟無明的關係，所以才有輪迴。因為你製造生命的系統，所以你才有這個窗口可以輪迴。

---

37 《雜阿含經・第 294 經》(CBETA, T02, no. 99, p. 84, a9)

38 《增支部・三集・第 76-77 經》(CBETA, N19, no. 7, p. 318, a3-p. 320, a6 // PTS. A. 1. 223-224)

久遠以來我們因為貪愛、執著而沉淪在輪迴當中，不斷地投生、取生。流浪輪迴，就像迷失在一個可怕的荒野中。

如果沒有好好地掌握今生學習的佛法，留在善道裡面，我們就會更常常墮入三惡趣中。

2. 喜貪俱行──由喜和貪伴隨

喜貪俱行，指渴愛的運作，總是伴隨著喜悅與貪欲。

回憶日常經驗，當一件事物帶來喜悅的感受時，我們是否會不禁想要得到更多？我們鮮少對於一件令人喜愛的事物單純享用，而不帶更進一步的染著與貪求。就如：見到了一道喜歡的菜，想要吃得更多，直到再也吃不下為止。

喜與貪的共同運作，十分細微與快速，當它們共同運作的時候，我們往往缺乏清楚的覺察，也就只得任由它們牽引、指揮行為了。為了擺脫這樣的狀況，我們可以多觀察喜、貪的現起。譬如在吃飯時，試著清楚、專注、

心無旁騖地覺知食物滋味，來配合「食存五觀」的練習。[39]

3. 隨處歡喜——到處尋求歡喜

隨處，指處處、到處。隨處歡喜意味著眾生不論投生何處，皆能對投生之處及遇到的各種境界，尋求歡喜，樂在其中。

當渴愛成為習性，不管投生到怎樣的地方，眾生都會不斷地尋求可供渴愛的對象。《本生經》中有一則佛典故事，描述過去一位名「烏波麗」的王后，因為生前總是誇耀其美貌，放逸且不行善業，投生成為一隻母糞甲蟲。[40] 隨著其投生成為糞甲蟲，她的喜好也迥然不同。比起過去摯愛的國王，她現在更愛同為糞甲蟲的丈夫；比起過去坐擁的整片江山，或許她更在意眼前糞球的大小。

如果眾生在面對生命世界的時候，總以渴愛的方式看待，那麼他將因為後有起的性質，推動下一輩子的輪迴再生。不僅如此，不管投生何等趣處，因為渴愛是隨處歡喜的，眾生總能愛著這個投生之處，以及貪求各種的可喜境界。

---

39 食存五觀：計功多少，量彼來處；忖己德行，全缺應供；防心離過，貪等為宗；正事良藥，為療形枯；為成道業，應受此食。

40 《本生經・第 207 經》(CBETA, N33, no. 18, p. 154, a6-p. 157, a4 // PTS.Ja.2.155-158)

（二）渴愛的種類

渴愛可以分為三種：欲愛指對感官欲樂之渴愛；有愛指由常見伴隨、助長常見的渴愛；無有愛指由斷見伴隨、助長斷見的渴愛。

1. 欲愛——對感官欲樂之渴愛

當五種感官：眼睛、耳朵、鼻子、舌頭、身體接觸到色、聲、香、味、觸等「塵」的時候，便產生了種種感受。產生愉快、快樂的感受時，我們往往運作出喜貪俱行的渴愛。如果加上思惟的意根，渴愛亦可擴大其攀附對象到概念、想法、主張、見解、理論之上。

佛陀未出家而身為太子時，在王宮中與眾人享盡一切欲樂。就在人們皆耽溺於感官的享樂中時，佛陀見到了妃女們在宴會後醉倒的醜態，也覺察到了人間不可避免的老、病、死，決心出家修道。最終，佛陀體證種種感官欲望的追求，都畢竟無樂可得，只會引領出更多的苦。

因此，佛陀將欲愛譬喻為一隻飢餓的狗，不停地啃食著一根沒有肉的骨頭。雖然牠拼命地啃咬骨頭，想要填飽肚子，但是怎麼樣都沒辦法藉此止飢。《大寶積經》中，佛陀也說：「**諸根無厭，境無能滿；諸根如鏡，境**

如光影；諸根如幻，境界如夢。」[41] 這些都告訴我們，如果總是以欲止欲，只是提油澆火，不得饜足，終歸於苦。

對於未得的欲愛，我們展開各種辛勤追求；對於已得到的，也會使我們耽著其中，不擇手段地保有、守護。這些對欲愛的執著，可能導致我們造作各種身、口、意的不善行為。從個人的殺生、搶奪、偷盜、侵害、惡言相向，到集體的鬥爭、掠奪、戰爭等等，都造就了人間數不盡的苦痛。

2. 有愛——伴隨常見、助長常見的渴愛

有愛，意指伴隨常見、助長常見的渴愛。

常見，指認定事物是恆久存在、不會改變的見解，可以進一步分為兩種：一、認為外在的事物是恆常的。二、認為有一個恆常的「我」或「靈魂」。無論是哪一種常見，佛陀指出都是遠離了世界、生命真實樣貌的見解，如果抱持著這些見解不放，將會導致許多問題。

首先，將外在事物看成恆久存在的、可愛的，並且不覺得這是會構成問題的，容易使我們認定這件事物，可以持續地為我們提供快樂，成為快樂的泉源。

41　《大寶積經·菩薩見實會》(CBETA, T11, no. 310, p. 429, b24-25)

對此世間可愛、可喜之物，視為常、視為樂、
視為我、視為無病、視為安隱者，則增長愛。[42]

　　但是是否真是如此呢？以看電視為例，如果我們認定看電視是快樂的，卻沒有意識到電視隨時可能發生故障、訊號隨時可能不良，我們便會傾向認定「電視就在那裡」；今天也會在，明天也會在，我只需要把它打開，就會得到各種感官享受的快樂。

　　因為有這樣的想法，當電視壞掉，不能提供我們想要的感官刺激時，我們便會生氣、鬱悶、破口大罵、敲打電視。佛陀告訴我們，抱持著常見，將增長、餵養渴愛，使得我們益發難以從苦的狀態中脫離。

　　伴隨有恆常不變的「我」或靈魂這類常見的渴愛，使得有些人為了後世繼續享樂，而來行善或修行。諸多選擇自苦行的修行者，便是為了後世能夠生天，享受更為精妙的欲樂。在佛陀的眼中，從這些出發點來修行，儘管真能享用天福，一旦福盡之時，仍要面對可能投生惡道的情況。事實上，這種對來世的希求、渴愛，恰好是再次進入輪迴的推力。

---

42 《相應部・第12相應・第66經》(CBETA, N14, no. 6, p. 129, a14-p. 130, a1 // PTS. S. 2. 109)

一般人多半因為對身體有著強大的執著，更延伸成為對其他五欲的貪執，沒完沒了。製造人間種種衝突；追根究柢，即在「我執」與「身執」，所以就變成了對立，許多痛苦和無明、迷惑，都從對身體的執著而來。

我們的心，要捨棄「貪」、「執」的過失，貪心、執著的過失，因為它畢竟會流失掉。我們學佛，就是覺醒世間的苦、空。空，就是會消失的，一切會消失、無常，一切都是變化，就是「幻有」。

3. 無有愛——伴隨斷見、助長斷見的渴愛

斷見，指認定世界、生命毀滅、死亡之後，只是一片虛無。這樣的見解，否認善惡業果與輪迴，容易使人培養出無有愛。

當一個人認為生命只有這一輩子，死後什麼都沒有，它便容易傾向及時行樂的生命態度，毫無顧忌地縱情聲

色，追求感官刺激，甚至不擇手段地取得喜好的事物，更加滋養對斷見及對欲愛的執取。

有別於這種及時行樂的態度，佛陀鼓勵的是活在當下。這兩者時常被混為一談，前者不顧一切，為欲所役，迷亂心智，並且否認善惡業果；活在當下則是有知有覺地覺察每個心念，放下對過去、未來的憂惱與欣樂，專注繫念，過好每個當下，離開常見、斷見的兩端，行於中道。

三、出離愛網

為了對治渴愛，佛陀曾教導名為「守護根門」的基礎修習：在感官認識外境時，清楚地覺知過程，來避免執取、放大事物引起貪欲或憂惱的特點。這樣的守護，能夠避免對可愛的境界生起貪欲，也能避免對逆境生起憂惱，使煩惱不會流入於心。

心│道│法│師│語│錄

我們的心看東西，這樣看過去的時候，你
的心就這樣流過去，流過去你會流出什麼東西來

呢？就是見相、取相，見到什麼相就取什麼相。
自己的心，討厭什麼、愛什麼，它就會產生取捨。
我們心的流動沒有斷的時候，那你就會輪迴。我
們產生投生的那個狀況，投生是由於你的心念跟
到現象走，每一個現象都是我們投生的地方。

　　當心完全被煩惱佔據的時候，我們就很難覺察當下
身心的狀況，而可能使身心惱熱，在癡迷中做出後悔的
事情。出家前愛欲深重的難陀尊者，因為出家後在守護
根門上修持良好，而為人說偈稱讚：「**善關閉根門，正
念攝心住，飲食知節量，覺知諸心相，善男子難陀，世
尊之所歎。**」[43]

　　此外，時常思惟、憶念世間的無常，也是對治渴愛
的方法。多從事這種練習，能夠像將雜草連根除去一般，
拔除渴愛之根。[44] 當能如實觀照無常等實相的智慧時，渴
愛便沒有再生起的可能了。

43　《雜阿含經・第275經》(CBETA, T02, no. 99, p. 73, a22-c8)

44　《雜阿含經・第270經》(CBETA, T02, no. 99, p. 70, c2-p. 71, a3)

心｜道｜法｜師｜語｜錄

　　心一貪住就會罣礙、執著、妄想，有了這些就會生煩惱。不貪住的時候，這個心就回到本來；安住於當下，就是我們的本來面目。

四、總結

　　集諦，教導我們認識苦的主要根源是渴愛。渴愛，能推動後續輪迴再生、由喜和貪伴隨、是到處尋求歡喜的；並且可以分為感官欲望之欲愛，伴隨並助長常見的有愛，伴隨並助長斷見的無有愛。

　　渴愛，導致現世與未來之苦。當我們皆只以滿足自己的欲望行為時，渴愛便不斷擴大，這不僅使自身處在迷亂的生活中，還會產生人與人之間的對立、衝突。

　　如果可以將這樣的渴愛斷除，轉而生起無私、無有對立的慈悲，將可逐步地消弭生命彼此爭奪造成的傷害。這也就是「生命服務生命，生命奉獻生命」的理念。

消除渴愛，除了在日常生活中多守護根門、觀察無常外，仍有賴道諦的學習與實踐，即如理行持戒、定、慧圓滿之八正道。隨著渴愛的滅盡，修學者將可以邁向滅諦教導的：無苦、無生、寂靜之涅槃。

學｜習｜體｜驗

◆ 生活中，我在什麼情況下最容易出現渴愛？

◆ 我通常如何回應渴愛？滿足它？等它自然消失？

◆ 試著練習守護根門、觀察思惟無常，並記錄心得。

◆ 用餐時，練習「食存五觀」，觀察是否有喜、貪出現。

學習筆記 Note

第五章　滅諦—邁向無苦之境

學習目標

· 認識佛陀對滅諦、涅槃的教導。

· 對解脫能有所體驗，並發起好樂。

· 明白煩惱的樣貌，並明白如何對治。

一、 何謂滅諦？

滅，有「息滅」的意思。滅諦，揭示了若是渴愛滅盡，則輪迴再生與諸多苦果便能不再生起。透過學習滅諦，我們可以明白世間的種種苦果與苦因，都是能夠被消除、消滅的，而唯有這寂靜的境界，是究竟無憂無苦的。佛陀以「涅槃」這個用詞，為眾生揭示這安樂的可能。

> 正等覺者，說示涅槃，
> 實極安樂，無憂無塵，
> 寂靜安穩，苦滅無存。[45]

45　《長老偈經·第 227 偈》(CBETA, N28, no. 15, p. 121, a14 // PTS. Th. 29)

涅槃是音譯詞，原本的字義有著熄滅、吹熄的意思。可以用火焰熄滅、吹熄燃燒中的蠟燭的意象來把握，指渴愛、煩惱的滅盡及苦的滅盡。經典中，佛陀也曾譬喻：就像是去除幫助火焰燃燒的燃料、薪草後，火焰終將走上熄滅一途，透過修行盡除煩惱、渴愛等苦因的時候，眾生的輪迴及苦果，也就沒有辦法再次生起。[46]

對涅槃的理解，可以分為兩個重點：一、渴愛無餘。二、煩惱永盡。

二、渴愛無餘

> 諸比丘！苦滅聖諦者，即是此，謂：於此渴愛無餘、離滅、棄捨、定棄、解脫而無執著。[47]

回想狗啃無肉之骨的例子，眾生因為缺乏智慧，不斷地用錯誤的方式追求快樂，卻總無功而返，受盡辛苦。要擺脫這樣的循環，唯有徹底除去渴愛，其他的方法，都不究竟。

---

46 《中部‧第72經》(CBETA, N10, no. 5, p. 264, a2-p. 271, a13 // PTS. M. 1. 483-489)

47 《相應部‧第56相應‧第11經》(CBETA, N18, no. 6, p. 312, a8-9 // PTS. S. 5. 421)

佛陀曾以小孩玩堆沙堡為譬喻：小孩在沙堡剛堆好時，玩得非常開心，對於沙堡有許多的執著、渴愛，將其視為十分珍貴的，就像真的是自己的小小城堡一樣。但是，一旦孩童們對沙堡不再喜愛，遊戲結束時，孩童們也就手腳並用地將其推倒、推散。佛陀用這個譬喻教導，對著身心無有渴愛時，也就能像孩童對沙堡無有眷戀，不會再次在輪迴中生起下一輩子的生命。這種渴愛滅盡的境界，正是涅槃，是學習者應該努力的目標。[48]

我們可以反思：是否有些我們過去很喜歡、執著的事物，現在回顧起來，卻覺得沒那麼喜歡、執著？這些當時認為非常重要的事物，現在看來仍是那麼重要嗎？最後，是心心念念地貪著這些事物快樂，還是能平靜地看待才是快樂呢？

在佛陀的教導中，培養出這樣的揀別能力是重要的。如果不能體會到離貪、離渴愛的心的寧靜與清涼，就容易繼續在渴愛中找快樂。這樣，只會築起一座又一座的沙堡，永無寧日。隨著智慧漸增，種種使身心惱熱的執取，便能逐漸地鬆動。對於什麼才是真正值得追求的，也能看得更加清楚。

---

48 《相應部・第 23 相應・第 2 經》(CBETA, N15, no. 6, p. 277, a2-p. 278, a2 // PTS. S. 3. 189-190)

此世諸欲樂，與及天上樂，

不值愛盡樂，十六分之一。[49]

經典中，還有一則王聞琴聲的譬喻。[50] 過去有一名國王，某日偶然聽到了極其美妙的琴聲，於是問大臣：「這是什麼聲音？真是好聽！」

「這是琴的聲音。」大臣回答。

「那快把那個聲音取來！」

大臣於是把琴取來，對國王說：「這就是那發出悅耳樂聲的琴。」

「我不是要這個琴，我要的是之前我聽到那好聽的『聲音』！」國王生氣地說。

大臣無奈地回答：「這個琴由種種部分組成，像是琴絃、琴柄、皮等等。除此之外，還要有高超的樂師來彈奏它，只有這些因緣具足了，才會有聲音出現。如果沒有這些組成要素，聲音就沒有辦法發出來。更何況，之前王所聽聞的聲音倏忽即逝，一眨眼就都已經過去了，實在沒有辦法再取回來。」

49　《小部・自說經》(CBETA, N26, no. 10, p. 69, a14 // PTS. Ud. 11)

50　《雜阿含經・第 1169 經》(CBETA, T02, no. 99, p. 312, c6-23)

國王聽聞了大臣的回答，心裡便有所領略。他明白了那美妙的琴聲，是由眾多因緣所成，本身並不具有實在性，沒有辦法獨立於琴的組成要件、樂師等等因素之外而取得；另一方面，琴聲時時刻刻都處在變遷之流中，剛想要抓取，就已經流失。

思考至此，國王說：「哎！那我要這個虛假的東西做什麼呢？這琴，不就只是讓世人耽溺其中，僅是虛妄的東西嗎？你快把這琴拿去拆成碎片，散布各處！」

故事中的國王，領略到可愛的事物，都是由眾多因緣促成的，本身並沒有堅實的基礎；也明白了欲樂的過患，因此能夠不再執取、耽溺於琴聲。其實，不只是琴聲，我們的身體、感受、生命等等，也都是如此的狀況。唯有明白其中的生滅無常，才能慢慢破除微細的渴愛與執取，出離於苦。

心｜道｜法｜師｜語｜錄

要如何能夠離開苦呢？唯一追求的就是一個不變不動、不生不滅，能讓我們不輪迴、不生死的東西，也就是涅槃。如果我們的心可以心不隨境轉，不隨現象而跑的時候，我們就可以不輪迴、不生死。

我們可以做得到嗎？知道怎麼做嗎？就是要看這些現象是這麼的無常，沒有一個東西是我們可以把握得住的。尤其是我們的生命，也是一樣無常，不曉得什麼時候來，什麼時候去，來的時候，我們莫名其妙就已經到了，去的時候我們也不知道了，所以來去都是不知道。我們在這個世間，就是來時糊塗去時迷，所以我們要好好的去追求佛法、學習佛法，讓我們能夠離開這個生死糊塗，那就是我們學習佛法的主要目的。

三、煩惱永盡

　　對於涅槃，舍利弗曾言：

涅槃者，貪欲永盡，瞋恚永盡，愚癡永盡，一切諸煩惱永盡，是名涅槃。[51]

　　涅槃，代表已經盡除苦因渴愛，也代表著盡除了一切煩惱。什麼是煩惱呢？佛教中的煩惱和我們一般所說的「好煩惱啊！」、「你有什麼煩惱的事呢？」並不完全等同。煩惱，原有染汙、熱惱的意思，也就是指煩惱讓眾生的生命呈現不清淨、雜染的樣態。

51　《雜阿含經・第 490 經》(CBETA, T02, no. 99, p. 126, b3-4)

煩惱，以種種不同的方式作用，既覆蓋清淨的心、纏縛眾生在生死之中，也役使眾生造作惡業而受苦。因此，煩惱有時也以蓋、纏縛、結使等異名被教導。

在修行應該斷除的諸多煩惱中，有五種較為粗顯的煩惱，也稱五毒。分別為：貪、瞋、癡、慢、疑。除此之外，煩惱也可以依表現的粗細程度，分為違犯煩惱、纏縛煩惱以及隨眠煩惱三類。

（一）五種煩惱

1. 貪

貪，指對喜愛的對象由於無法如實觀察，產生的種種眷戀、渴望、渴求。貪也可以視為渴愛之同義語，是眾生輪迴不已最主要的推動力。

2. 瞋

瞋，指對不喜歡的對象、境界的反抗、拒斥。

以瞋為基礎，可能生起許多其他的煩惱，稱為瞋的「隨煩惱」。包括了忿——激烈的怒；恨——瞋恚在心中積結的怨恨；害——由瞋發出行動而加害別人的心。

3. 癡

癡，指無明、愚癡。即對身心、世界缺乏明朗的覺照與明白，也就是缺乏智慧，如缺乏光照，無法清楚識物。具體的內容包括不如實明白四聖諦、緣起的道理、以自我為中心等缺乏正確知見的狀況。無明，可以說是一切煩惱與惡行的根源。

4. 慢

慢，指貢高我慢、傲慢、驕傲。是一種重視自己，輕視他人，以自我為中心的心情。當經常與人比較，認為「我果然比他厲害！」、「他也不過這樣，跟我差不多！」、「他比我厲害，可是那又有什麼了不起？」這些心情，都是慢在作祟，毫無利益，只會造成自己與他人的痛苦。

5. 疑

疑，指困惑、懷疑。懷疑的對象可以是佛陀；也可以是佛陀教導的法，如輪迴、善惡業報、四聖諦、緣起的教導等；也可以是傳承佛陀教法，具有實修實證的僧寶。由於對佛、法、僧這三寶多所懷疑、猶豫不決、缺乏正信或體驗，無法分別善與不善法，也就無法生起足

夠的信心來修學。疑煩惱能障礙修學，使修學佛法者雖然得幸聞法，卻如入於寶山，空手而歸。

（二）煩惱的程度

以上的各種煩惱，可根據其顯露的程度由粗到細，分為違犯煩惱、纏縛煩惱、隨眠煩惱。

1. 違犯煩惱

違犯煩惱，指已經顯現出身業、口業的惡行，或是違犯戒律、侵害他人的煩惱。這種程度的煩惱，直接呈現出身業、口業的不善，如造作殺生、偷盜、邪淫、妄語、飲酒等行為。這類煩惱可能直接導致我們的種種苦痛：如受到世人的譴責，或者觸犯社會的法律，遭受刑罰。也將因為不善業的積累，種下許多未來苦果的種子。

2. 纏縛煩惱

纏縛煩惱，指僅顯現在心中，尚未外顯成為行為或語言的煩惱。譬如想要做不善行的心、出現在我們內心裡面的種種瞋恨、擔憂或恐懼，都屬於纏縛煩惱。

3. 隨眠煩惱

隨眠煩惱，是最為微細的煩惱，潛伏著且尚未顯現

於心。這種煩惱也被視作一種意向、傾向、習性，等待著因緣成熟，發起成為纏縛煩惱與違犯煩惱。

違犯煩惱、纏縛煩惱、隨眠煩惱，可依序以活動中的人、醒著的人與睡著的人來譬喻。隨眠煩惱雖然尚未成為外顯的行為或內心的纏縛，但仍非常有影響力。我們可以用一個蘇東坡與佛印禪師的故事來認識這三種煩惱：

宋朝的文豪蘇東坡，與一位佛印禪師過從甚密，時常交流討論佛法。一日，蘇東坡寫了一首〈讚佛偈〉：「**稽首天中天，毫光照大千。八風吹不動，穩坐紫金蓮。**」託信給佛印。偈子表面上是讚歎佛陀，實際上卻是想要炫耀自己的禪修修為，已經達到世間的稱讚、毀謗、苦、樂等等「八風」，都無法動搖他的心。

佛印看完了蘇東坡的來信，只在信末寫了一個「屁」字，便原信退還給他。

期待著佛印稱讚的蘇東坡怒不可遏，立刻乘船過江要來找佛印理論。待殺到禪寺門口時，只見十個大字「**八風吹不動，一屁打過江。**」貼在門上。蘇東坡當下羞愧難當，自己吹噓的修為境界，就這樣被佛印禪師一個字摧破無遺。

當蘇東坡自認八風吹不動時，雖然看似內心平靜，其實內心仍有許多的隨眠煩惱，隨時等待機會，準備發起。一待看到佛印禪師寫的「屁」字，立刻便被誘發，產生了各種纏縛煩惱，生起瞋心，並化成外在的行為，乘船過江準備找禪師理論。

　　好在，故事中的佛印禪師深鎖寺門，讓蘇東坡自己反省。否則他的這把怒火，說不定會延燒更多身、口的惡業，造作更多的違犯煩惱。

心 道 法 師 語 錄

　　如果沒有建立一個積極的修行觀念，如果你不是修行的心，煩惱就會來。煩惱會老是對你不客氣，它開始讓你不舒服、讓你不自在、讓你生起種種挫折、障礙。

（三）煩惱的對治

　　對於煩惱的對治，除了多聽聞、思考並且實際修持外，佛陀亦有教導不同煩惱的對治方法。如多行布施，可以令我們捨離貪；培養慈心，能使人遠離瞋；觀察緣

起、培養智慧，能使人離癡；多加培養謙卑、恭敬的心，或是時常禮佛，能遠離種種慢；培養正信，揀別善法，能使我們遠離疑。

對於不同程度的煩惱，也有著不同的對治方式：違犯煩惱可以透過持戒來防患。戒的守護，能使煩惱在外顯且造成傷害之前，就加以避免；纏縛煩惱，可用修定來對治。透過定，能增進我們對內心狀態的覺知，更加清晰地觀照起心動念，除遣纏綿內心的煩惱；微細的隨眠煩惱，則要由真實、通透的智慧來對治，也就是修慧，令煩惱永不復生。透過修行而獲得智慧的聖者，能夠徹底斬斷隨眠煩惱，即使遭遇各種順境、逆境，內心都不再與之相應，也就不會生起不善的心。

心｜道｜法｜師｜語｜錄

所謂的智慧就是我們的覺醒，在每一個地方、每一處所，都要覺醒。所謂的覺醒，就是不迷失，不迷失在貪、瞋、癡、慢、疑五毒的執著裡，不在五毒的習氣裡。所以「覺是我們的明白，醒是我們的清楚，不迷惑是我們的解脫」，時時要讓我們的心趨於法，我們的心常常在法上，不是在一切的善惡、好壞、是非、人我的分別裡。

四、總結

對滅諦的學習，使我們明白佛法的修學方向是朝向涅槃，逐步斷除渴愛與煩惱，遠離執取和輪迴。滅諦的學習，也使我們明白所遭逢的種種憂苦與不安，都能夠透過修行正道，究竟出離。

出離眾苦的涅槃，不是一般的日常語言、對立概念所能夠充分掌握與表達的。雖然經典中以城、彼岸等具體事物來譬喻涅槃，但我們並不能因此就認定涅槃是什麼、在哪裡，或認定這代表什麼都沒有。因此，當被問及如來涅槃後去了哪裡呢？入涅槃的聖者還存不存在呢？這些問題時，佛陀選擇了無記的應對方式，也就是以不回答作為這類不適切提問的回覆。這種作法，並非是因為佛陀不明白問題的答案，而是提問者提供的選項都出自有限的經驗、二元對立的概念思惟，無法正確地理解、描述涅槃。此時，不做落於常見、斷見兩邊的回答，反而更為適切。如經言：

> 如來者，愛已盡，心善解脫，甚深廣大，無量無數，寂滅涅槃。舍利弗！如是因、如是緣，故有問世尊：「如來若有、若無、若有無、若非有非無後生死？」不可記說。[52]

52　《雜阿含經・第 905 經》(CBETA, T02, no. 99, p. 226, b20-24)

涅槃，超越語言與概念思惟，有賴真修實學，依八正道斷除渴愛、煩惱而證。涅槃無生，但非斷滅地什麼都沒有；不死，也非恆常之永生。

波滅盡煩惱，亦不貪飲食，
空無相解脫，為波所行跡，
如鳥飛虛空，足跡不可得。[53]

唯有瞄準此修行方向，精進努力，逐步鬆開各式各樣的渴愛、執取，我們才有可能真實明白生死，出離輪迴，永不再受生死之苦。

心｜道｜法｜師｜語｜錄

在生活當中，毫不含糊、清清楚楚，在寂靜的靈覺裡面，明明白白地去生活。而不是執迷煩惱，累積垢染，造成很多的迷惑，在未來的生命裡面，產生業力的糾纏，而帶來彼此的痛苦。把心收攝，管得住自己，才能夠去利益眾生；管不住自己，依舊和習氣環扣，結果還是業力輪迴。讓真心常住、善業永續，這是我們修行的目的。

53　《法句經·第93偈》(CBETA, N26, no. 9, p. 22, a7-8 // PTS. Dhp. 14)

◆ 試著列舉三項自己在生活中常見的貪、瞋、癡、慢、疑。

◆ 承上題，它們可能是隨眠煩惱、纏縛煩惱還是違犯煩惱？

◆ 處在這些煩惱中時，我的感受是什麼？

◆ 我通常如何對治這些煩惱？有用嗎？

◆ 反思從修學佛法至今，我的生命是否過得更好？

第六章　道諦—實踐滅苦之道

學習目標

· 明白道諦與八正道各支的意涵。
· 了解八正道與三學的關聯。
· 學習如何於生活中落實八正道。

一、何謂道諦？

苦諦揭示了眾生苦的處境；集諦教導苦生起的原因；滅諦使我們明白苦可滅盡，修行以離苦、涅槃為導向；道諦則與實踐相關，是對治苦因，滅除眾苦的修行方式。

這條離苦之道，在佛陀未出世前，是誰都無法講述的。經典裡將涅槃譬喻為一座被重重森林、岔路掩蔽的古老城市，然而佛陀發現了通往此城的道路，並為眾生指明道路。這條道路，就是八正道。[54]

八正道，指由八個部分共構而成的正道。這代表在實際修行八正道時，它們並不是獨立的八個修行項目，而是關係緊密、互攝互入的整體。

54　八正道又名八聖道、八支聖道、八支正道，因共構運轉的特性也稱為八輪，能渡生死海而稱八道船。

八正道的充分開展，與通達緣起，不落兩端的中道一致。行走在八正道上，即是行走在中道上。當中的八個部分，可以依據戒學、定學、慧學分為三組：

◆ 慧學——正見、正思惟

◆ 戒學——正語、正業、正命

◆ 定學——正精進、正念、正定

二、八正道的意涵

（一）正見——正確觀察的智慧

正見，指正確觀察的智慧。對生命的無常與無可把握不明白，對生死輪迴如何流轉不明白，眾生只得以渴愛拼命尋求後有，不斷輪迴再生。由於缺乏智慧，即使感到不滿，眾生也不知道可以怎麼出離。種種缺乏智慧的狀態，就是缺乏正見。

佛陀出家求道，就是為了擺脫這種無知的狀態。其證悟的智慧，成為了對眾生的教導。因此，正見包括一切覺悟者的智慧，也代表對佛陀教法的正確理解與體證。

正見的建立，是修行八正道不可或缺的。經典中談到八正道時，總以正見為首，這是因為若有了正確的知見，後續便能產生良善的思惟及行為。反之，假如見解不正確，後續的思惟便會偏離正軌，發出的言語、行為、事業的抉擇等，也就跟著偏差了。因此，正見有如日出前的第一道曙光，能引導八正道後續各道支的生起，進而引領眾生終結於苦。

> 如日出前相，謂明相初光。
> 如是，比丘！正盡苦邊、究竟苦邊，前相者，所謂正見。[55]

1. 四聖諦的智慧

正見之中，最重要且能令眾生離苦的，就是對四聖諦的體證：

> 那麼，諸比丘啊！何謂正見？諸比丘啊！知道苦，知苦的生起，知苦的斷滅，知滅苦之道。諸比丘啊！這就是正見。[56]

55　《雜阿含經・第 748 經》(CBETA, T02, no. 99, p. 198, b6-8)
56　鄧殿臣、趙桐譯，《大念處經》(CBETA, ZW05, no. 48, p. 200, a7-9)

體證四聖諦，能使眾生不再進入輪迴，因此也稱「出世間正見」。不過這樣的智慧並非一蹴可幾，仍需循序漸進地修學。

2. 正見的逐步開展

　　為了證得四聖諦的智慧，應對修行架構以及佛陀教法中的重要概念能夠有基礎的理解。如此一方面能確保往後修學不會走往錯誤的方向，也能夠踏實地理解佛陀的教導。

　　其中，學習「業自所有正見」也是重要的基礎。從明白與辨別善、惡業所推動的果報，並依業果法則生活，可以逐步地調整行為，清淨身心。相信業果法則，並且依此生活的話，不論是行為、語言還是意念，都能夠避免造作苦因。

　　是否具備這樣的正見，對於生活的方式，將有很大的影響。就像一個持有斷見的邪見者，順應著這種見解與價值觀，將可能以造作惡業的方式，無所顧忌地追求欲樂。因此，對於正見，舍利弗尊者也曾經如此教導：

朋友們！當一位聖弟子知道不善，知道不善根（不善的根源），**知道善，知道善根**（善的根源）；**朋**

友們！這樣就是聖弟子擁有正見，見解正直，
對法具足證信，達到正法。[57]

唯有正確地明白業果的法則，後續的思惟與言行，
才有可能走在正確的道路上，也能免於墮入惡趣，導向
人道、天道等善趣。具備這類的正見，雖然不能保證脫
離輪迴，而被稱為「世間正見」[58]，但仍是修行重要的
基礎。

隨著對於業果相關的學習，我們便能明白，戒是佛
陀為了幫助我們遠離苦因與苦果所施設的。因此，能夠
自發地持戒。

八正道中，代表戒學的有正語、正業、正命。透過戒
清淨身心，有助於修習定學。八正道中，代表定學的是正
精進、正念、正定。定學的修習，可以增進專注、觀照力，
使我們對一切現象的觀察能更加深入與透徹。這樣的觀察
力，能大力幫助學習者親自體證佛陀的教導，如實見到身

---

57 《中部經典・第9經》，蔡奇林譯，摘自《香光莊嚴雜誌・隨處用心系列3 具足正見——
悅讀《正見經》》p.6。

58 經典中，也提到世間正見包括：
一、肯定布施、供養等行為是善。
二、明白善惡業報、業果法則。如：了解為何應該持守，並願意持守十善業道。
三、肯定孝順父母是善。
四、相信有眾生在此世、彼世中輪迴受生。
五、肯定世間確有聖者，能證得智慧並為眾生說法。

心現象的無常、苦、無我。至此，學習將不再只停留於信仰或文字上的理解，轉而成為一種直觀的智慧。

只要是佛陀教導的正法與智慧，都是正見的內涵。我們應不斷聞思正法，實修戒、定、慧，調整既往看待世間的方式。如此，就是修習正見了。

（二）正思惟——正確的思惟、意向

我們的心在注意、觀看人、事、物的時候，往往會產生許多不同的思惟。如產生了從事某些行為的意圖，或是想要達到某些目的而著手規劃某些計畫。這種種的心理活動，都是思惟。

根據見的不同，也就有不同的思惟。正見能促生正思惟；邪見則促發邪思惟。正思惟的教導，提醒我們應根基於正見，生起三種善的意向：

◆ 離欲思惟——思惟不應相應於種種欲的追求，並與出離心相應。

◆ 無恚思惟——思惟不應相應於忿恨、瞋恚。

◆ 無害思惟——思惟不應相應於用傷害、殺害、暴力的方式對待眾生。

如果是與欲、恚、害相應的意向，就是不正思惟了。心中一旦有這種思惟產生，很容易轉變為具體的不善行。就像如果以充滿貪欲的意圖，看待眼前的事物，我們就會有很強烈的動力將它奪取過來。

佛陀以燃燒的火炬掉到乾草堆中作為譬喻，提醒我們不善思惟之火，很快就會延燒為身、口上的惡業。[59] 我們要將這「三善思」謹記於心，時常憶念四聖諦，趁早撲滅不善思惟，以免推動種種不善的行為，演變為不可收拾的局面。

心｜道｜法｜師｜語｜錄

◆

學佛，首重正確的見解，只有先將思想、見解調整正確，確定所走道路無誤，思惟、語言才會正確，舉止才不會出錯，才會與他人結好因果、善業，得好命，這一生努力的方向才不會走錯。

正思惟，我們如果對任何事物都抱持正見，思惟、思想自然也會具足正見，所思所想沒有錯誤，不會使自己與他人迷亂。

59 《相應部・第 14 相應・第 12 經》(CBETA, N14, no. 6, p. 186, a10-p. 188, a14 // PTS. S. 2. 151-153)

所以我們要力行八正道，只要一直這樣走下去，維持自己每個念頭都是好的，自然心與生活就會安定，不再徬徨出錯，令想法正確，具足因果與空性的智慧。這就是佛告訴我們的八正道：正見、正思惟、正語、正業、正命、正精進、正念、正定，是眾生學佛的途徑、努力的方向，也是眾生學習如何將思惟、見解調整正確的良方。

（三）正語——使用正確的語言、文字

正語，指說話或使用文字時應避免以下四種惡行：

◆ 妄語——說不真實的話、說謊。

◆ 兩舌——破壞他人關係而說出的話，如：在人背後挑撥離間、惡意中傷、毀謗。

◆ 惡口——指粗語或是惡語，是誰都不願意聽下去，不堪入耳的言語。如口出穢言、侮辱他人，或者是酸言酸語，說他人的風涼話。

◆ 綺語——無法生起善法、沒有意義、使人心散亂、輕浮而無法生起智慧的語言。

遠離以上四種惡語，是正語必須成就的。

舉例來說，聽是非、傳是非、妄加批評時事、在網路上發表攻擊言論或謾罵字眼、公開或私下毀謗僧眾，都是我們在日常生活中容易犯的過失。這些口業除了會對他人造成傷害，從其牽動的心態、習性的培養來看，對於自己亦是傷害甚鉅。

（四）正業──正確的行為

業，指行為、造作，廣泛來說包括了身、語、意三方面的行為。八正道中的正業，則特指應遠離以下三種身惡行：

◆ 殺生──損害、傷害眾生、奪取眾生生命的行為。

◆ 偷盜──凡主人沒有口頭或行為上允許給你的東西，拿取的時候就形成偷盜行為。像是偷盜、詐欺、搶奪等行為都屬之。

◆ 邪淫──自己並未擁有對方，卻發生淫欲的行為。對在家眾而言，與不正當的伴侶發生性關係，或者強迫他人發生性關係，都稱邪淫。

這些身惡行，不只可能違背世間的某些律法，危害更鉅的是當如此行為時，內心往往是與渴愛、煩惱相應的。

我們因為貪圖食物的美味，所以殺害動物取肉而食；因為過度貪求物質，竊取不屬於自己的財物；因為受到無法填滿、失去控制的性欲逼迫，而從事邪淫。這些行為，都對自己及眾生造成種種傷害。若不能遏止這些行為，只會更進一步地加深這些渴愛、煩惱，難以從事更進一步的修行。

（五）正命──正確的活命之道

命，指賴以活命的生計。佛陀以正命教導我們，應以正當的方式謀生。如果在工作時，我們能遠離正語、正業中提到的四種口惡行，以及三種身惡行等不善業，便能促成正命。若以身惡行、口惡行來謀求生計，就叫邪命。

我們也可以更進一步反省：

◆ 我在工作時，是否造成對自己或眾生身心的傷害？
◆ 我在工作時，自己是否犯戒？是否促使他人犯戒？
◆ 我在工作時，是否使自己或他人之內心難以平靜、安定？[60]

維護清淨的身、口、意業，對於修持八正道是極為重要的。即使是在謀求生活必需的財物、飲食、衣服、

60　德寶法師，《快樂來自八正道》，台北：橡實文化，頁 176-192。

醫藥、臥具等時，我們也皆應以正命作為導引。否則既是傷害自己，也可能間接地傷害、損惱其他眾生。

倘若目前的維生方式並不理想，又因因緣不具足，而無法立刻轉換跑道時，該怎麼辦呢？首先，要有一份想要改變的心，並注重心念、意業的造作，避免以惡心或無所謂的心來面對。以慚愧心的生起，配合善心、慈心、正念，時常祈求與發願，終究能逐漸找到轉化的道路。

（六）正精進——努力實踐正法

正精進，指正確地付出努力、精進，來遠離惡法，長養善法。

在實踐八正道時，努力是不可或缺的。不放逸是修習一切善法中最重要的要素，要能夠正確地努力與精進，可以透過修習以下四種正勤來達成：

◆ 已生惡令斷滅——對於已經生起的惡法，如內心出現渴愛、欲求或者對人生起了惡意、加害之心，要盡快設法捨棄、斷除。

◆ 未生惡令不生——尚未著手做的種種惡法，設法

讓它不要生起。佛陀以守護根門作為下手處，教導我們如何不讓隨眠煩惱成熟，阻斷種種惡的生起。

◆ 未生善令生起──對於還沒開始著手進行的善行、善法，要盡量開始著手去做。

◆ 已生善令增長──已經生起的善行，就要努力保護、維持、進步。

佛陀告訴我們，若能不斷地以正精進修行，就像是河流入於大海，自然而然就能夠將生命的方向，調整正確，穩定地朝著無苦涅槃前行。

（七）正念──如實、清楚地覺知當下

念，在巴利文中原先和記憶有所關聯，在佛教中則具有如實覺知的意思。正念，強調的是在八正道的脈絡下，特別是以正見為前導，來如實、清楚地覺知。

回顧我們的生活，通常總在為過去追悔，為未來擔憂，而難以活在當下。培養正念，能使我們清楚覺察當下身心的情形，對治心不在焉，使心專注、清楚、不散亂，避免妄念紛飛，離於種種執著與煩惱。

心|道|法|師|語|錄

　　禪修，沒有過去、沒有未來、沒有現在，只有當下這一念。所以，煩惱怎麼會生呢？就是一直記憶這些過去、未來的東西，就是我們平常沒有做觀照的工夫。「不爲外物所動之謂靜，不爲外物所實之謂虛。」生活裡面爲什麼會生起煩惱、計較？就是因爲沒有生起正念、正見、正定；正確的觀念可以消融很多的妄想執著，沒有過去的記憶，也沒有未來的煩惱，就是做現在的事情。過去你做再壞也是過去了，沒辦法追回；未來根本沒有發生，你想老半天也沒用。

　　經典中對正念有一個傳神的譬喻：有一人被毒箭射中，醫生爲了治療病患，於是使用利刃切開傷口，並且用探針來尋找毒箭的箭頭。[61] 箭代表渴愛；無明是塗在箭上的毒。兩者交互作用，使我們如中毒箭，受盡痛苦。

　　爲了要拔除毒箭，必須先切開傷口。能夠切開傷口的利刃是智慧；爲了要取出箭頭，醫生使用的探針就是

61　《中部‧第 105 經》(CBETA, N11, no. 5, p. 266, a2-p. 274, a10 // PTS. M. 2. 251-261)

正念。正念的探針，能夠使我們做出第一線的觀照，不帶扭曲地，清楚觀察無明與渴愛，以及它們如何造成我們的痛苦。[62]

守護根門的練習，正是要我們在感官與外境接觸的時候，時時刻刻提起正念。由於能夠清晰、不散亂，才不會任意地由可喜、不可喜之外境牽引，生起渴愛、瞋恨，進而造作惡業。

（八）正定──正確的專注、禪定

定，指心能平穩、持續地專注在目標上。區別於日常生活中所說的專心、專注於某件事情上，正定是在八正道的脈絡下，依著其他七支聖道協同運作所促生的一種深度的專注。因此，正定也排除了以錯誤修行方式得到的邪定。

未經訓練的心，往往雜念紛飛。透過正念的培養，可以讓我們的覺知清晰；修習正定，則可使心進一步地專注一處，不再隨著外境牽引而胡亂攀緣。正定，給予了生起智慧必備的專注力，也能夠帶給我們內心的平靜。

---

[62] 正念的練習，可以由四念住的教導下手。四念住，包括了身念住、受念住、心念住、法念住。相關的內容，將在之後的課程更深入地介紹。

正精進、正念、正定是共同運作的。它們的關聯，如同三人想要團結合作摘取一朵高處的花：正精進提供寬廣的背，供正定踩踏，給予正定摘取花必須的力量；正念提供肩膀，供正定扶持以得穩定、平衡。結合這兩股力量，正定才能有力，安穩地達到摘取花朵的目標。

定提供的平靜、穩定與專注，能夠減輕世間的感官欲望的牽引，也能幫助我們獲得智慧。若能置心一處，持續且專注地觀照，慢慢地就可自妄想、渴愛、執取、煩惱、痛苦之中出離。

心｜道｜法｜師｜語｜錄

定，我們的心像野馬、像猴子一樣難以降伏，所以必須把野馬和猴子拴在一個地方，慢慢馴服，讓它安定，慢慢地野馬跟猴子就乖了。禪修，就是讓我們把心放在一處，當心被馴服的時候，就不會再到處流竄；當心不再流竄的時候，我們的心就有了光明，無礙的智慧也就能夠生起了。

三、 八正道之關聯運作

我們可以試著用生活實例，來了解八正道的運作。設想你買了一部新車，珍愛地停在車庫中。某日，你出外回到家後，發現孩子用螺絲起子在車門上刮出了大大的「爸爸／媽媽我愛你」幾個字。

試想，你當下的感受、情緒可能是什麼？你在心中會生起什麼念頭？你會說出什麼話語？你會採取怎麼樣的行為？你能否有把握清楚意識到自己從起心動念，到發出行為的過程間發生了什麼事？

也許，你第一個想到的是「這是我可愛的車子啊！車子就像我的性命一樣！」，於是就有了「可惡，一定要教訓一下這個孩子才可以！」這樣的念頭、意圖。接著便是破口大罵：「你在做什麼！怎麼可以把我的車刮成這樣！」並且動手打了小孩。小孩不明所以，嚎啕大哭。

這個過程中，我們看到邪見導致的一連串心理反應，並延伸成為外在的身體行為。領頭的邪見根深蒂固地認為車子是可愛的、是我的珍貴財產，車子受傷，就猶如我受傷一樣痛苦。在這當中，我們可以明顯地看到渴愛是如何推動了苦的產生。

從邪見出發，想要動手教訓孩子的意圖也就被推動了。這樣的意圖，和欲、恚、害等意向相應，因此是邪思惟。邪思惟能夠推動我們透過身體、語言的行為實現我們的意圖——破口大罵，並且下手打了小孩。就這樣，邪語、邪業由伴著怒氣看待小孩的邪思惟而實行了。

　　整個由邪見推動邪思惟，到發邪語、行邪業的過程中，正見、正精進、正念都缺席了。如果我們能在當下覺知，發起正念，便有可能清楚明白自己煩惱的現起，而能以正見作為行為的引導，以正精進作為動力，使未生起的邪思惟不生，或針對已生的邪思惟調整。這些，都可以阻止我們造作邪語與邪業。

　　如果正見、正精進、正念這三支能夠即時作用的話，會是什麼狀況呢？首先，我們學習了四聖諦，明白渴愛是苦的重大推力。若要避免苦，就應謹慎小心，避免對於物質，也就是車子的貪著。當這樣的正見穩固時，配合正精進的努力，提起清晰的正念，不與欲、恚、害相應的正思惟便得以生起。這些道支的生起，使得我們一遇到這樣的處境，馬上便轉念心想：「應該感謝小孩表達對我的愛意，並且用妥善的方式，帶出機會教育。」

　　從正思惟推動的語言、行為，不會再是粗惡、暴力的。我們可能會實踐正語，對孩子說：「謝謝你愛我，

下次我們也許可以用別的方式表達，好嗎？」並且給孩子一個合乎正業的擁抱。

當這些道支運用在事業、工作中，我們就是活在正命之中了。經常地活在八正道中，便能行於善業，持戒清淨，進一步推動定學的進展。這就是由八正道的前七支助成正定，再由正定增強我們對心、生命、實相的觀照智慧，過一個具足八正道的生活。

心道法師語錄

我們的生命是什麼？即使知道佛法是什麼，沒有去實踐，那仍然只是一個想法。當我們用生命實踐佛法，就不會漫無目標。因爲沒有正見，所以就沒有正業、正命、沒有努力發奮的精進力。正見對了，就會有精進力，所以就會正念、正定。

什麼叫「正見」？道心叫正見，有一個好的道心，一個不退轉的道心，一個成就的心。有了正見就要思惟，正思惟——想這個正見，思惟這個正見。講這個正見，相應正見，活在這個正見的生活裡叫做「正命」。這樣努力地往前衝、往前走，不懈怠，就是「正精進」。

有了精進、有了方向、有了精進力，那念頭就會對，念頭只要對了，自然產生禪定，就是「正念」與「正定」。把八正道的思惟連貫起來成為一個東西，那就是我們的生活。這個生活就是天天都在禪定裡面、正定裡面。

四、總結

四聖諦，是佛陀的生命教育中，最精要的教導。由苦諦認知苦的處境、由集諦認知苦因、由滅諦認知生命的出路，並由道諦的教導，開示了眾生一條能夠具體實踐的離苦道路——八正道。

以正見為首，八正道開展了一條不斷增長智慧的道路。從基礎對修行架構的認識，以及業果相關的正見，以戒學的正語、正業、正命作為生活指引，清淨身心，並且修習定學的正精進、正念、正定，開發觀照力。最終，由清晰、平穩、專注的觀照，獲得更深刻、貼近實相的觀察智慧。如此，由八支正道持續的運轉，對於四聖諦的智慧將不斷輾轉增上，使整個生活都不

會偏離正見，並且生起穩固的出離心，朝著出離輪迴的目標前行。

佛法修學者，應遍知苦諦，盡斷苦因，證入涅槃，修習道諦。如此努力，能夠逐步地增長智慧，來成就出世間的光明智慧，也就是真實地證知四聖諦，離苦成正覺。

心 | 道 | 法 | 師 | 語 | 錄

我們學佛的人，依循八正道而行，由具足正確見解的正見開始，經過正思惟、正語、正業、正命、正精進，由內而外，心懷正念、行正事，最後將心念定於正定，這與禪修禪定過程是一樣的。所以，八正道也是禪的一種體現。

八正道是戒、定、慧的實踐之方，也是禪的體現，為調心的外顯方法。我們若想學好佛法，讓心清淨、不再徬徨，就要好好學習八正道，讓心依止於一處，令身心安定，由定生慧，學習如何將心念轉識成智，開啟佛智慧，啟發一念善心，追尋與佛同等的明朗覺性。

◆ 試著以自己的話，講述四聖諦、八正道的意思。

◆ 我在什麼狀況下，最容易生起邪思惟？

◆ 我在什麼狀況下，最容易造作邪語、邪業？

◆ 我如何使自己正命的行持更加進步？

◆ 記錄自己四正勤的實踐狀況。

◆ 練習在生活中的行、住、坐、臥皆能提起正念，清楚覺知。

◆ 練習平安禪法。

學習筆記 Note

引用格式與巴利原典縮語對照

◎ 引用格式

本書引用《大正新脩大藏經》、《藏外佛教文獻》與《漢譯南傳大藏經》（元亨寺版）的資料出自「中華電子佛典協會」(Chinese Buddhist Electronic Text Association, 簡稱 CBETA) 的電子佛典集成。引用出處依「冊數」、「經號」、「頁數」、「欄數」、「行數」之順序紀錄。引用《漢譯南傳大藏經》時，另附巴利聖典協會（Pali Text Society, PTS）版巴利三藏出處，依序標記「引用原典」（請參以下巴利原典縮語對照）、「冊數」、「頁碼」以供對照，如：

《雜阿含經・第 403 經》 (CBETA, T02, no. 99, p. 108, a19-22)
《相應部・第 56 相應・第 11 經》 (CBETA, N18, no. 6, p. 311, a10-12 // PTS. S. 5. 421)

◎ 巴利原典縮語對照

A	Aṅguttara Nikāya	《增支部》
D	Dīgha Nikāya	《長部》
Dhp	Dhammapada	《法句經》
Khp	Khuddakapāṭha	《小誦經》
Ja	Jātaka	《本生經》
M	Majjhima Nikāya	《中部》
S	Saṃyutta Nikāya	《相應部》
Th	Theragāthā	《長老偈經》
Ud	Udāna	《自說經》

參考書目

◎ 經典

- 〔西晉〕竺法護譯：《普曜經》(收入《大正新脩大藏經》(中華電子佛典協會電子化) 第三冊 No.186)
- 〔東晉〕佛馱跋陀羅譯：《大方廣佛華嚴經》(收入《大正新脩大藏經》(中華電子佛典協會電子化) 第九冊 No.278)
- 〔東晉〕瞿曇僧伽提婆譯：《中阿含經》(收入《大正新脩大藏經》(中華電子佛典協會電子化) 第一冊 No.26)
- 〔東晉〕瞿曇僧伽提婆譯：《增壹阿含經》(收入《大正新脩大藏經》(中華電子佛典協會電子化) 第二冊 No.125)
- 〔姚秦〕佛陀耶舍、竺佛念譯：《長阿含經》(收入《大正新脩大藏經》(中華電子佛典協會電子化) 第一冊 No.1)
- 〔姚秦〕鳩摩羅什譯：《金剛般若波羅蜜經》(收入《大正新脩大藏經》(中華電子佛典協會電子化) 第八冊 No.235)
- 〔姚秦〕鳩摩羅什譯：《維摩詰所說經》(收入《大正新脩大藏經》(中華電子佛典協會電子化) 第十四冊 No.475)
- 〔劉宋〕求那跋陀羅譯：《過去現在因果經》(收入《大正新脩大藏經》(中華電子佛典協會電子化) 第三冊 No.189)
- 〔劉宋〕求那跋陀羅譯：《雜阿含經》(收入《大正新脩大藏經》(中華電子佛典協會電子化) 第二冊 No.99)

- 〔劉宋〕求那跋陀羅譯：《鸚鵡經》（收入《大正新脩大藏經》（中華電子佛典協會電子化）第一冊 No.79）
- 〔隋〕闍那崛多譯：《佛本行集經》（收入《大正新脩大藏經》（中華電子佛典協會電子化）第三冊 No.190）
- 〔唐〕地婆訶羅譯：《方廣大莊嚴經》（收入《大正新脩大藏經》（中華電子佛典協會電子化）第三冊 No.187）
- 〔唐〕菩提流支譯：《大寶積經》（收入《大正新脩大藏經》（中華電子佛典協會電子化）第十一冊 No.310）
- 〔唐〕義淨譯：《根本說一切有部毘奈耶雜事》（收入《大正新脩大藏經》（中華電子佛典協會電子化）第二十四冊 No.1451）
- 〔唐〕實叉難陀譯：《大方廣佛華嚴經》（收入《大正新脩大藏經》（中華電子佛典協會電子化）第十冊 No.279）
- 〔唐〕僧伽婆羅譯：《阿育王經》（收入《大正新脩大藏經》（中華電子佛典協會電子化）第五十冊 No.2043）
- 失譯：《別譯雜阿含經》（收入《大正新脩大藏經》（中華電子佛典協會電子化）第二冊 No.100）
- 悟醒譯：《小部經典・法句經》（收入《漢譯南傳大藏經》（元亨寺版）（中華電子佛典協會電子化）第二十六冊 No.9）
- 悟醒譯：《小部經典・自說經》（收入《漢譯南傳大藏經》（元亨寺版）（中華電子佛典協會電子化）第二十六冊 No.10）
- 悟醒譯：《小部經典・本生經》（收入《漢譯南傳大藏經》（元亨寺版）（中華電子佛典協會電子化）第三十一冊～第四十二冊 No.18）
- 通妙譯：《中部經典》（收入《漢譯南傳大藏經》（元亨寺版）（中華電子佛典協會電子化）第九冊～第十二冊 No.5）
- 通妙譯：《長部經典》（收入《漢譯南傳大藏經》（元亨寺版）（中華電子佛典協會電子化）第六冊～第八冊 No.4）

- 通妙、雲庵譯：《相應部經典》(收入《漢譯南傳大藏經》(元亨寺版)(中華電子佛典協會電子化) 第十三冊～第十八冊 No.6)

- 郭哲彰、葉慶春、關世謙譯：《增支部經典》(收入《漢譯南傳大藏經》(元亨寺版)(中華電子佛典協會電子化) 第十九冊～第二十五冊 No.7)

- 雲庵譯：《小部經典·經集》(收入《漢譯南傳大藏經》(元亨寺版)(中華電子佛典協會電子化) 第二十七冊 No.12)

- 雲庵譯：《小部經典·長老偈經》(收入《漢譯南傳大藏經》(元亨寺版)(中華電子佛典協會電子化) 第二十八冊 No.15)

- 鄧殿臣、趙桐譯：《大念處經》(收入《藏外佛教文獻》(中華電子佛典協會電子化) 第五冊 No.48)

- 蔡奇林等譯：《從修行到解脫：巴利佛典選集》(新北：南山佛教文化，2012 年)

- 關則富譯：《巴利語佛經譯注：增支部 (一)》(臺北：聯經，2016 年)

- Bodhi, Bhikkhu (tr.), 2000: The Connected Discourses of the Buddha, 2 vols., Boston: Wisdom.

- Bodhi, Bhikkhu (tr.), 2012: The Numerical Discourses of the Buddha, Boston: Wisdom.

- Maurice Walshe (tr.), 1995: The Long Discourses of the Buddha, Boston: Wisdom.

- Ñāṇamoli, Bhikkhu, (et al, tr.), 1995: The Middle Length Discourses of the Buddha, Kandy: BPS.

※ 以上漢譯巴利三藏之對應巴利文經典，參考印度「內觀研究所」(Vipassana Research Institute, VRI) 出版製作的 Chaṭṭha Saṅgāyana Tipiṭaka CD-ROM v4.0(簡稱 CSCD) 及巴利聖典協會 (Pali Text Society, PTS) 兩版本。

◎ 論典、古德著作

- 龍樹造，〔姚秦〕鳩摩羅什譯：《大智度論》(收入《大正新脩大藏經》(中華電子佛典協會電子化) 第二十五冊 No.1509)
- 彌勒菩薩造，〔唐〕玄奘譯：《瑜伽師地論》(收入《大正新脩大藏經》(中華電子佛典協會電子化) 第三十冊 No.1579)
- 〔宋〕法雲編：《翻譯名義集》(收入《大正新脩大藏經》(中華電子佛典協會電子化) 第五十四冊 No.2131)
- 〔元〕惟則著：《淨土或問》(收入《大正新脩大藏經》(中華電子佛典協會電子化) 第四十七冊 No.1972)
- 覺音造，悟醒譯：《清淨道論》(收入《漢譯南傳大藏經》(元亨寺版)(中華電子佛典協會電子化) 第六十七～第六十九冊 No.35)
- 覺音造，葉均譯，果儒法師修訂：《清淨道論》(桃園：中平精舍，2010 年)

◎ 專書

- 一行禪師 (Thich Nhat Hanh) 著，方怡蓉譯：《佛陀之心：一行禪師的佛法講堂》(臺北：橡實文化，2008 年)
- 一行禪師著，鄧伯宸譯：《好公民：打造覺悟的社會》(新北：立緒文化，2014 年)
- 一行禪師著，何蕙儀譯：《一行禪師說佛陀故事 (全三冊)》(臺北：法鼓文化，2016 年)
- 向智長老 (Nyanaponika Thera) 著，賴隆彥譯：《正念之道》(臺北：橡樹林，2006 年)

- 向智長老、何慕斯・海克 (Hellmuth Hecker) 著，賴隆彥譯：《佛陀的聖弟子傳》(臺北：橡樹林，2014 年)

- 竹慶本樂仁波切 (Dzogchen Ponlop Rinpoche) 著，江翰雯譯：《佛陀佛陀請開門》(臺北：德謙讓卓文化，2012 年)

- 佛使比丘著，曦比丘等譯：《一問一智慧》(臺北：法味書院，1994 年)

- 那爛陀長老 (Narada Mahathera) 著，釋學愚譯：《佛陀與佛法》(電子版本)(臺北：佛陀教育基金會，1996 年)

- 性空法師 (Ven. Dhammadipa)：《四聖諦與修行的關係：轉法輪經講記》(嘉義：香光書鄉出版社，2003 年)

- 香光莊嚴編，《具足正見——悅讀《正見經》》(嘉義：香光莊嚴雜誌社，2006 年)

- 班迪達尊者 (Sayadaw U Pandita) 述，果儒、鐘苑文譯：《就在今生—佛陀的解脫之道》(新北：慈善精舍，2009 年)

- 馬哈希尊者 (Ven. Mahāsi Sayadaw) 著，溫宗堃譯：《毗婆舍那講記：含〈法的醫療〉》(新北：南山放生寺，2007 年)

- 馬哈希尊者著，溫宗堃、何孟玲譯：《轉法輪經講記》(臺北：佛陀原始正法中心，2011 年)

- 馬哈希尊者著，鄔耶蒙 (U Aye Maung)、鄔廷飛 (U Htin Fatt) 英譯，林憲宏、陳怡如譯：《回家路上：八正道引導向涅槃》(臺北：佛陀原始正法中心，2012 年)

- 馬哈希尊者著，鄔天發 (U Htin Fatt) 英譯，陳永威譯：《負擔經講記》(臺北：佛陀原始正法中心，2015 年)

- 無著比丘 (Bhikkhu Anālayo) 著，香光書鄉編譯組譯：《念住：通往證悟的直接之道》(嘉義：香光書鄉出版社，2013 年)

- 菩提比丘 (Bhikkhu Bodhi) 著，釋見芊、林涓蒂、朱怡康譯：《八正道：趣向苦滅的道路》(嘉義：香光書鄉出版社，2010 年)

- 菩提比丘著，尋法比丘譯：《阿毗達摩概要精解》（新北：慈善精舍，2010 年）
- 楊郁文：《阿含要略》（臺北：法鼓文化，1997 年）
- 達賴喇嘛十四世著，圖登晉巴格西 (Geshe Thupten Jinpa) 英譯，翁仕杰中譯：《四聖諦：佛法的基本》（臺北：慧炬出版社，1998 年）
- 蓋瑞・賈許 (Gary Gach) 著，方怡蓉譯：《佛教一本通：通往古老智慧的現代途徑》（臺北：橡樹林，2006 年）
- 德寶法師 (Bhante Henepola Gunaratana) 著，賴隆彥譯：《快樂來自八正道》（臺北：橡實文化，2007 年）
- 蔡耀明：《佛教視角的生命哲學與世界觀》（臺北：文津出版社，2012 年）
- 蔡耀明：《佛學建構的出路：佛教的定慧之學與如來藏的理路》（臺北：法鼓文化，2006 年）
- 魯柏・葛汀 (Rupert Gethin) 著，賴隆彥譯：《佛教基本通：佛教的修行路徑導覽》（臺北：橡實文化，2009 年）
- 髻智比丘 (Bhikkhu Ñāṇamoli) 著，釋見諦、牟志京譯：《親近釋迦牟尼佛：從巴利藏經看佛陀的一生》（臺北：橡樹林，2006 年）
- 釋心道：《知性的引導（上集）：佛陀的故事》（新北：靈鷲山般若文教基金會，2005 年）
- 釋心道：《知性的引導（下集）：生命的覺醒》（新北：靈鷲山般若文教基金會，2005 年）
- 釋心道：《觀靈覺即菩提》（新北：靈鷲山般若文教基金會，2005 年）
- 釋心道：《觀生死即涅槃》（新北：靈鷲山般若文教基金會，2006 年）
- 釋心道：《停心：停止時間 活出自己》（臺北：橡樹林，2012 年）
- 釋心道：《聞盡：呼喚心內的觀音》（臺北：橡樹林，2012 年）

- 釋心道：《願力的財富》（臺北：橡樹林，2013 年）
- 釋印信編：《圖解阿含經》（陝西：陝西師範大學出版社，2008 年）
- 釋印順：《印順法師佛學著作全集》（北京：中華書局，2009 年）
- 釋性恩 (Dhammajivi)：《巴利學習系列 II：《尼柯耶》選讀》（嘉義：法雨道場，2004 年）
- 釋洞恆：《佛教禪法之研究：依據巴利《尼卡雅》及漢譯《阿含經》》（臺北：秀威資訊，2014 年）
- 釋聖嚴：《八正道講記》（臺北：法鼓文化，2004 年）
- 釋聖嚴：《佛法綱要：四聖諦、六波羅蜜、四弘誓願講記》（臺北：法鼓文化，2011 年）

◎ 工具書

- 丁福保：《佛學大詞典》（臺北：新文豐，1985 年）
- 水野弘元：《パーリ語辭典》（東京・日本：春秋社，1987 年）
- 慈怡主編：《佛光大辭典》（臺北：佛光文化，1997 年）

◎ 期刊

- 菩提比丘：〈非常重要正見經〉，《香光莊嚴》第八十七期（嘉義：香光書鄉出版社，2006 年）
- 蔡奇林：〈暗夜光明〉，《香光莊嚴》第九十八期（嘉義：香光書鄉出版社，2009 年）

初轉之法

總 策 劃　釋了意

監　　製　靈鷲山四期教育教材編審會

發 行 人　周美琴

出版發行　財團法人靈鷲山般若文教基金會附設出版社

地　　址　23444 新北市永和區保生路 2 號 21 樓

電　　話　(02)2232-1008

傳　　真　(02)2232-1010

網　　址　www.093books.com.tw

讀者信箱　books@ljm.org.tw

法律顧問　永然聯合法律事務所

印　　刷　國宣印刷企業股份有限公司

劃撥帳戶　財團法人靈鷲山般若文教基金會附設出版社

劃撥帳號　18887793

三版一刷　2024 年 7 月

定　　價　新台幣 200 元

I S B N　978-626-96103-9-6（平裝）

國家圖書館出版品預行編目 (CIP) 資料

初轉之法 / 靈鷲山四期教育教材編審會監製 .
— 三版 . — 新北市：財團法人靈鷲山
般若文教基金會附設出版社，2024.01
　面：公分
ISBN: 978-626-96103-9-6（平裝）
1.CST: 佛教修持 2.CST: 佛教說法

225.87　　　　　　　　　113000747

靈鷲山般若書坊